餐饮这样做才赚钱

——用营销实现业绩倍增

金 叔◎著

中国铁道出版社有限公司
CHINA RAILWAY PUBLISHING HOUSE CO., LTD.

图书在版编目（CIP）数据

餐饮这样做才赚钱：用营销实现业绩倍增 / 金叔著. —北京：中国铁道出版社有限公司，2022.7
ISBN 978-7-113-29067-2

Ⅰ.①餐… Ⅱ.①金… Ⅲ.①饮食业－市场营销学 Ⅳ.① F719.3

中国版本图书馆 CIP 数据核字（2022）第 064100 号

书　　名：餐饮这样做才赚钱——用营销实现业绩倍增
　　　　　CANYIN ZHEYANG ZUO CAI ZHUANQIAN: YONG YINGXIAO SHIXIAN YEJI BEIZENG

作　　者：金　叔

责任编辑：马慧君　编辑部电话：（010）51873005　投稿邮箱：zzmhj1030@163.com	
封面设计：刘　莎	
责任校对：安海燕	
责任印制：赵星辰	

出版发行：中国铁道出版社有限公司（100054，北京市西城区右安门西街 8 号）
网　　址：http://www.tdpress.com
印　　刷：三河市航远印刷有限公司
版　　次：2022 年 7 月第 1 版　2022 年 7 月第 1 次印刷
开　　本：710 mm×1 000 mm 1/16　印张：17.25　字数：231 千
书　　号：ISBN 978-7-113-29067-2
定　　价：68.00 元

版权所有　侵权必究

凡购买铁道版图书，如有印制质量问题，请与本社读者服务部联系调换。电话：（010）51873174
打击盗版举报电话：（010）63549461

序一

欢迎来到残酷的餐饮商业世界

你在任何一条商业街上走走,都会发出一声感叹,为什么同样一条街上,有的餐厅顾客盈门要排队,有的餐厅却门可罗雀生意清淡?

这个世界其实挺残酷的,其中有一个特别残酷的事实就是:不可能所有的餐厅都会赚钱,而且不赚钱的餐厅占了大多数。这倒也不是很可怕,可怕的是,所有开餐厅的老板在开餐厅之前,都觉得自己的餐厅会赚钱,但他们没有问问自己:凭什么赚钱的人是你?

这,就是今天残酷的餐饮业的真相。

我遇到过好多好多的餐厅老板,他们大多对自己经营的餐厅充满了迷茫,不知道该怎么把餐厅做起来。要想把一家餐厅做好,只靠着勤劳勇敢,是远远不够的,还需要知道方法和思路。上过学的人可能都有一种体会,当你上了高中,会发现初中时死活都搞不懂的那些难题,突然就变得很好做了!这是为什么呢?并不是你变聪明了,而是因为你学会了更高级的解题方法和思路。

一个体质瘦弱的现代人,拿一把机关枪就可以横扫一个强壮的、有组织有战斗力的罗马军团,为什么?那是因为他掌握了更厉害的工具,对敌人进行了降维打击。今天的餐饮世界,就是这样一个格局,那些掌握了先进经营方法的企业,就可以获得比同行有效几倍甚至十倍的获客效率。

其实方法就像那把现代人手里的机关枪，学会并不难，难的是你要知道有这样的武器存在。罗马军团让战士玩儿命练肌肉练格斗是没有用的，因为他们还不知道世界上有机关枪这种武器。就像有个餐饮老板，只凭着吃苦耐劳是没有用的，如果能赚钱，我相信哪个餐饮店老板都可以玩儿命干活，可惜，顾客就不进来。

餐饮的营销，就是你掌握的对抗同行的先进工具。从门头的设计，到迎宾的喊宾，到菜单的设计，再到微信社群的私域营销，还有爆品菜的设计，都有更好的方法让你在竞争中胜出，可以说，谁先掌握了这种方法，谁就会获得生存下去的权利。

好消息是，大部分餐厅老板并不读书，你读了这本书，就是比对手多了一件武器。

本书作者是一个在真实的餐饮世界摸爬滚打多年的老兵，自己开过爆火的快餐店，也帮助多家餐饮企业策划改善获得了经营业绩的提升，这是他多年餐饮经验的提炼和总结，相信对每一个正在餐饮业"挣扎"的经营者有切实的帮助。

我本人也是一个在餐饮业做咨询的从业者，我们为云海肴、乐凯撒、古茗奶茶、甜啦啦、半天妖、七分甜、一只酸奶牛、满满元气枣糕（西贝旗下）、小满茶田等餐饮品牌提供了策划服务，以我个人的经验来看，作者的这些方法是真实有效的，只要你"生搬硬套、死记硬背"地去执行这些方法，一定可以获得意想不到的效果。

希望你认真读这本书，认真理解这本书的方法，认真去测试和执行书里讲的这些方法，你的餐厅就一定会有所改善。

你一定相信，前人总结的方法是有效的，听人劝，吃饱饭，现在就开始认真地读一读吧。

我是小马宋，小马宋战略营销咨询创始人

序二

做赚钱的餐饮企业

  文化是企业之魂,在我多年研究的"三度文化系统"中讲到广度,"广度"就是餐饮酒店企业如何对外传播,如何打造营销力、构建影响力。

  我常说:做餐饮、做酒店不赚钱本身就是问题,究竟该如何开拓市场、赢得客户?又如何提升业绩、开一家赚钱的餐饮企业呢?带着这些疑问,细读《餐饮这样做才赚钱:用营销实现业绩倍增》书稿,真是大快朵颐,开篇就直击餐饮老板痛点,深度解读做好餐饮营销少踩坑的实战方法——懂营销是老板的标配等做好餐饮的核心内容。

  很多餐饮企业各领风骚三五年,甚至每年都在给房东和员工打工,曾经有一位酒店老板深有感触地跟我交流,讲到老板的两大开心事:一是门店开业时,风风火火终于开业,兴高采烈期待红火!第二是门店转出时,辛辛苦苦大半年,一夜回到"解放"前,不得已而为之,止损才是硬道理,终于有人接手了,终于解脱了!这让我的心为之一颤,究其原因谁之过?餐饮门槛儿看似低,其实水很深,不能找到餐饮企业赚钱的法门,盲目投资做门店只能死路一条。我们不妨深度思考一下:贵企业的核心"特色"是什么?我们对外的品牌宣传语是什么?客户凭什么选择我们的企业?我们让客户选择的理由到底是什么?我们到底在卖什么?营销不是卖优秀,或者更好,而是卖不同!我们有哪些与众不同的地方？我们又是如何开展营销活动，如何轻松"锁客"的？

　　这一系列问题，在本书中都能找到答案。书中全面解读餐饮实战营销赢得客户的实战落地方法及路径，也对如何提升餐饮业绩进行了彻底解剖和分析，帮助餐饮同行在做好餐饮营销提升收益上能有的放矢、游刃有余，从而有效做到"餐饮这样做才赚钱"。

　　这本书，是每家餐饮企业老板、经理人都应该学习的一本书。建议餐饮老板人手一本，企业可团购学习。说一千道一万，提升业绩才是硬道理，要做就做赚钱的餐饮企业！祝愿我们餐饮酒店行业生意红火、勇攀高峰、再创辉煌。

易钟
知名饭店管理专家
三度文化系统创始人
畅销书《海底捞的秘密》作者
2021 年 8 月 31 日于北京

目 录

基础篇　避免营销误区，轻松做好营销　001

第一章　做好营销，少踩坑　002

第一节　懂营销是餐饮老板的标配 /002

01　时代使然　003

02　竞争激烈　005

03　顾客心智之争　006

04　资源人人都有，关键在于如何用　007

本节小结　010

第二节　餐厅营销的十大误区 /011

01　误区一：把打折当营销　012

02　误区二：做营销信奉拿来主义　012

03　误区三：缺少后端思维　013

04　误区四：让利老顾客　015

05　误区五：把办理会员当摆设　017

06　误区六：不重视渠道的建设和使用　018

07　误区七：不建立沟通管道　018

08　误区八：礼品没有得到顾客认同　019

09　误区九：生意不好再做营销　020

10　误区十：只重视营销忽略了产品　021

本节小结　021

第三节　餐厅做好营销的五大好处 /023

01　锁定顾客　023

02　拥有现金流　025

03　成为行业榜样　027

04　资源聚集　028

05　形成品牌效应　029

本节小结　030

第二章

重新定义营销，是经营好餐厅的第一步

第一节　什么是餐饮营销 /032

01　商界精英怎么说　033

02　马斯洛需求层次理论　033

03　4P 与 4C 的关系　035

案例一：小小的烧饼大市场　037

案例二：小活动，大传播　038

本节小结　039

第二节　让餐厅不走弯路的四大营销原则 /040

01　原则一：顾客受益　041

02　原则二：员工受益　042

03　原则三：企业受益　043

04　原则四：社会受益　044

本节小结　045

实战篇　做好餐厅营销，引爆客流　047

第三章

048

掌握八大引爆点，轻松做到区域旺铺

第一节　引爆点之选址营销：快速找到好位置 /048

01　为什么要重视选址　048

02　选址的误区　050

03　高效选址"九步法"　051

04　选址后要立刻开展营销　057

案例一：公园对面的一家火锅店　058

案例二：步行街里面的中餐店　059

本节小结　060

实战工具：高效选址流程表　061

第二节　引爆点之门头营销：让门头吸引顾客主动进店 /062

01　为什么要重视门头　063

02　门头利用的三大误区　066

03　好的门头标准是什么　067

04　营销型门头的九大原则　067

05　从门头开始的进店流程　072

本节小结　073

实战工具：餐厅门头检测升级表　075

第三节　引爆点之菜单营销：高转化率的菜单设计思维 /076

01　菜单要做到常新　077

02　不同用户眼里的价格偏差　079

03　开发菜单的四大角度　080

04　设计高盈利、高价值菜单的十力技巧　081

05 如何推荐菜品以增加菜品销量　088

本节小结　090

实战工具：菜单升级调整表　091

第四节　引爆点之产品营销：爆品设计，让餐厅一战成名 /092

01 爆款菜品的基本特点　093

02 爆品背后的逻辑　094

03 打造爆款菜品的流程与方法　095

04 打造爆品的核心原则：最小 MVP　098

案例一：摇滚沙拉的发明史　099

案例二：烤肉店如何打造爆款菜品　099

本节小结　104

实战工具：爆款菜品设计工具表　105

第五节　引爆点之服务营销：极致服务是设计出来的 /106

01 做好服务营销的标准和宗旨　107

02 如何设计餐厅的服务　110

03 服务的 6Y 模型　113

04 服务员不能说的 25 句话　115

本节小结　117

实战工具：餐厅服务升级表　118

第六节　引爆点之故事营销：做好故事营销，制造传播点 /119

01 企业没故事，顾客主动传播难　120

案例：刀削面馆的故事　121

02 餐饮经营者如何打造故事　124

03 打造故事的四个维度　125

本节小结　127

实战工具：餐厅故事创作流程表　128

第七节　引爆点之公益营销：把公益做到极致，践行社会责任 /129

01　什么是公益营销　130

02　公益营销的好处　130

03　如何做餐饮公益营销　135

本节小结　136

第八节　引爆点之微信营销：玩转微信，打造超级节点 /137

01　什么是微信营销　137

02　打造高质量的朋友圈　138

03　建立高效的社群营销体系　143

本节小结　146

实战工具：朋友圈周运营规划表　147

第四章 做好餐饮营销，持续引爆

第一节　四十九个餐饮营销策略 /148

第一招：视力测试　149

第二招：对比营销　149

第三招：剧情广告　150

第四招：以小博大　151

第五招：扫码猜谜　151

第六招：巧妙宣传单　152

第七招：寻人启事　152

第八招：数据宣传单　153

第九招：找错别字　153

第十招：试卷测试　154

第十一招：巧妙道歉　154

第十二招：价格阶梯　155

第十三招：人人中奖　156

第十四招：摇钱树　156

第十五招：箱箱有礼　157

第十六招：顾客定价　157

第十七招：借力换购　158

第十八招：多吃多送　158

第十九招：加量不加价　159

第二十招：金婚促销　159

第二十一招：玩转印章　160

第二十二招：转赠引流　160

第二十三招：趣味抽奖　161

第二十四招：实名杯子　161

第二十五招：专用筷子　162

第二十六招：流量转换　162

第二十七招：重复消费　163

第二十八招：玩转餐具　164

第二十九招：雨天促销　164

第三十招：妙用书签　165

第三十一招：教育转化　165

第三十二招：招聘营销　166

第三十三招：旗袍妙用　166

第三十四招：一把抓　167

第三十五招：好友数量抵现　167

第三十六招：货比三家　168

第三十七招：公益破局　168

第三十八招：大派送　169

第三十九招：有奖征集　169

第四十招：有求必应　170

第四十一招：错峰促销　170

第四十二招：点单促销　171

第四十三招：女性专区　171

第四十四招：梦想清单　172

第四十五招：心理测试　172

第四十六招：健康卡片　173

第四十七招：顾客变股东　173

第四十八招：设置价格锚点　174

第四十九招：MTP　174

本节小结　175

第二节　餐饮经营者赚钱的五十条心法 /176

本节小结　183

升级篇　如何轻松做好锁客营销　185

第五章　快速锁客，持续转化　186

第一节　锁客的目的 /186

01　培养顾客　187

02　持续服务　187

03　打造铁杆粉丝　188

本节小结　189

第二节　锁定顾客的六大误区 /190

- 01　没有锁客思维　190
- 02　锁客就是办理会员卡　191
- 03　锁客就是守株待兔　191
- 04　做了锁客，顾客无动于衷　191
- 05　缺少一对一的服务　192
- 06　没有体现顾客优越感　192

本节小结　192

第六章　做好一场锁客活动　194

第一节　设定目标 /194

- 01　设定目标的路径　195
- 02　目标分解　197
- 03　设定目标的 SMART 原则　198

本节小结　199

实战工具：经营目标设定表　199

实战工具：锁客目标设定表　200

第二节　锁客的四大卡项设计 /201

- 01　会员锁客卡　201
- 02　抽奖锁客卡　204
- 03　裂变锁客卡　207
- 04　福利锁客卡　208

本节小结　209

第三节　动力激活 /210

01　做好内部营销，激活员工动力　211

02　做好外部营销，让顾客变销售员　214

本节小结　215

第四节　引流渠道 /216

01　引爆客流的三大核心思维　217

02　线下引流：如何把别人的客流吸引进店并主动消费　219

03　线上引流：用好抖音和公众号　223

本节小结　227

第五节　营销布局 /228

01　时间布局　229

02　场域布局　229

本节小结　232

第六节　成交环节 /233

01　见证系统：四大见证形成包围态势　234

02　建立成交系统：会员成交三大节点　235

03　锁客成交四大要点　237

本节小结　239

第七节　跟进复购 /240

01　为什么要及时对顾客跟进　240

02　让会员持续消费　242

03　锁客三段论　243

本节小结　244

第七章 锁客营销的执行与复盘

第一节 做好执行方案，提高执行力 /246

01 如何做好执行方案　247

02 提高员工的执行力　247

03 三大流程助力执行　248

本节小结　250

第二节 做好执行方案复盘 /251

01 复盘与复盘会议　251

02 复盘四步骤　252

03 让复盘会议更高效　255

本节小结　255

实战工具：锁客工具表　257

实战工具：锁客每日复盘表　258

实战工具：储值任务分配表　259

基础篇

避免营销误区,轻松做好营销

第一章　做好营销，少踩坑

德鲁克说过：企业存在的唯一目的就是创造顾客。餐厅无论大小，都是一家企业，既然是企业，就要按照企业的思维和原则来经营创造顾客。

第一节　懂营销是餐饮老板的标配

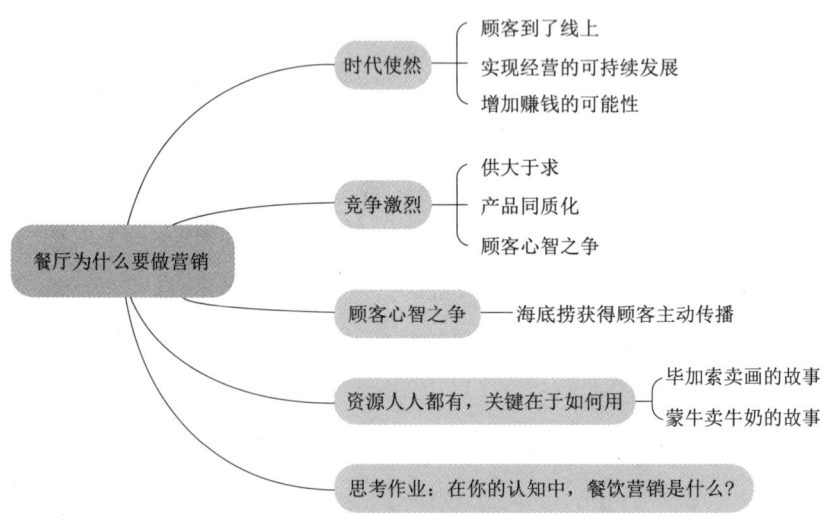

01 时代使然

关于餐厅为什么要做营销？看看下面这段话。

科特勒在《营销管理》一书中写道：营销的主要任务就是为顾客和商家制造、推广、传递产品和服务。

换一句更直白的话来说，就是：营销为餐厅的产品制作和推广赋能。

我从接触营销到爱上营销，也是因为一句话——"营销就是让别人知道你，在想到你的时候找到你"。这句话通俗易懂。因为这句话，我开始觉得营销并不是那么难；也是因为这句话，我走上了营销之路。

餐厅为什么做营销？我认为最首要的原因是时代使然。

翻翻历史，一百年以前中国没有营销这个概念，虽然不少商人运用了营销思维，但是没有系统的营销理念。如今，再小的餐厅都要做好营销。

现在是网络时代，智能手机的广泛应用，顾客从线下走到了线上。从餐饮行业来说，顾客网络化给餐厅增加了很多的不确定性。因为线上的平台很多，餐饮企业不知道顾客到底在哪里。

同时，在线下，大的平台开始收割流量，通过一系列的政策让商家"举手投降"，把自己的流量拱手相让。对于餐饮企业来说，需要面对一个尴尬的局面：起步阶段把流量给了平台，最后却要从平台花钱购买流量。最典型的案例就是现在的线上外卖平台的运营。

我曾经说过，所有的商业都是"教育"。最简单的例子就是美团、饿了么等平台，一边自己建立平台，一边"教育"用户怎么去使用平台。

说到这里，可能有人会问，那我可以做平台吗？其实一家餐厅就是一个平台，在本书后面的社群营销引爆点章节，就是在帮助餐厅建立自己的平台，掌握话语权。

营销的目的与经营的目的是一致的，经营的目的是吸引顾客，营销的目的是帮助企业吸引更多的顾客。在这里，可以把经营定义为名词，营销定义为动词。

餐厅怎么吸引顾客？最简单的方法，就是要做好营销。一家餐厅不会营销自己，就是在产生"负"资产，营销是未来餐饮企业的基本能力，或者说是每一家餐饮企业的标配。

开一家店不是放完鞭炮就结束了，开店是一个持续的过程，总不能为了收点礼金，就不停地关店和开店吧。

《中国餐饮报告2018》曾经发布一个数据，已经倒闭的餐厅，平均寿命仅有508天。更有夸张的说法——餐厅分为两种：一种是倒闭了的餐厅，一种是正在走向倒闭的餐厅。

关于餐饮的历史，很多书中都有介绍，并且有明确的分类，本书就不再赘述。虽然在这本书里，我们不去探讨餐饮的历史，但我们至少可以回忆一下餐饮行业的过去，了解过去，才能把握未来。过去，餐饮行业是一个容易赚钱的行业，随便开一家店就有人吃饭，就能赚钱。

但现在，好像不是那么回事儿了。压在餐饮从业者头上有三座大山，一是房租，二是人工，三是原料。这三项基本上都是只会涨不会降。即使在2020年的特殊时期，都在喊着减房租，而实际上，有一些餐厅的租金并没有降。毕竟，从房东的角度来讲，疫情是短期的，不能为了短期行为损害自己的长期利益。

把这"三座大山"抛在一边，我们发现一个问题，在疫情期间，能够经营很好的餐厅，基本上都是平时顾客储备做得好的。

也就是说：平时备好客，"战时"心不慌。比如，有一家烤鱼店，有20多个500人的微信群，在疫情期间，外卖生意不降反增。这就是营销的魅力，不是吗？

不要说营销很难，你觉得难，是因为你没有做。

"互联网餐饮"这个词近几年非常火，很多餐饮企业都想做，但是不知道从何下手。深想一下，其实互联网是我们人人都可以使用的工具，并且这个工具基本上是零成本的。

为什么这么说呢？下面来详细讲一下。

在快手上有很多餐饮企业经营者上传的视频，有的是自己店内顾客爆满的，有的是菜品制作的……靠着这些视频，这些餐饮企业赢得了很多粉丝。更进一步，这些餐饮企业通过粉丝导流，来做餐饮技术培训，有的甚至做起了加盟，获得利润的同时也赢得了口碑。

比如，有一家做饸饹面技术培训的餐饮企业，通过每天在快手平台发布餐厅客人爆满的视频，吸引了很多粉丝来店参观考察，最后有不少粉丝交费学习。

在快手平台上，还有很多类似的餐饮店拍摄的视频，有做龙虾培训的，也有做铁锹海鲜培训的。都是同样的路子，通过视频引流进行培训和加盟。有人说，这些我都知道。那你做了吗？

这不禁让我想起那句话，这是最好的时代，也是最坏的时代。最好的时代——有这么多现成的工具；如果你不去用，对你来说这就是最坏的时代，因为别人用了。

有人说顾客变了。是的，顾客变了。如果顾客变了，餐厅经营者的思维没变，那结局可以想象。餐厅经营者一定要树立营销思维，顺应时代的变化，适应顾客的变化。

02 竞争激烈

这是一个信息爆炸的时代，每天各种各样的信息在冲击着我们的思想，换句话说，我们是不缺信息的。

同样一款产品，淘宝有卖，拼多多有卖，抖音有卖，快手也有卖。所有的平台都成了商家的"战场"，连喜马拉雅这样的知识付费平台也与餐饮企业做了联合会员卡。当然，像抖音、快手、微信视频号等短视频平台更是各大餐饮企业的必争之地。比如，抖音直播间有主播带货知名餐厅的会员卡。我们试想一下，如果这家餐厅在你的门店附近，它通过其他的渠道把会员卡卖出去了，对你的餐厅的顾客流量是不是构成一个威胁？

我常说，流量是餐厅经营的本质，无论是堂食还是外卖。因为从总体上说，这是一个供大于求的时代，任何东西都不缺。在不存在稀缺的情况下，顾客就会选择困难。

可谓：物竞天择，适者生存。

这是一个产品趋同的时代。我接过不少客户都咨询过同一个问题——餐厅对面又开了同样的店，该怎么办。这是一个普遍现象，竞争对手是随时可能出现的。

犹太人开一家加油站，附近会出现各种各样的配套。中国人开一家餐厅，生意好了附近一定会出现另一家同品类餐厅。不是中国人笨，这正是因为中国人聪明。在高流量的地方开店，能借势流量，不是吗？

也有的合作客户反馈，我们餐厅上什么菜，对面的店就上什么菜，我家什么菜卖得好，对面就卖什么菜。这种跟风也比比皆是，既然不可避免，那就坦然接受。在这样的竞争中找到自己的优势，同时借营销进一步发展自己。

罗振宇在一次公开演讲上说：未来的商业就是时间战场，也就是争夺用户的总时间。作为一家餐厅，一定要想办法占领顾客的总时间。你占领顾客总时间的多少，决定顾客到店的次数。我经常告诫合作客户：一定要做一家24小时都在影响顾客的餐厅。

淘宝通过设置游戏来占领用户的时间，游戏环节设置奖励机制，用小优惠让用户停留更长时间。这样只有一个结果，让用户购买的产品更多。如果把淘宝当成一款产品，那无疑增加了产品的黏性。

03　顾客心智之争

江南春老师有一本书，叫《抢占心智》，我给很多餐饮企业管理人员推荐过这本书，我说这本书是中国版的《定位》，一点不为过。

在这本书里江南春老师有一句话我认为非常经典："在消费者心智中抢占优势，赢得人心，远远比赢得流量更为重要。"

未来的市场，就是在争夺人心。谁的产品能够第一时间占领顾客的心智，谁就有机会脱颖而出。战场上是你死我活，商业上也是一样。不能够赢得顾客心智的餐厅，很难有未来。

作为一家餐厅，就是要有好的产品、好的服务、好的环境，简称"三好"。一言以蔽之，想要占领顾客的心智，就是要对顾客好。

对顾客好的结果是什么呢？我们看一个小案例，这是我亲身经历的。

有一次，我坐838公交车去涿州。一个乘客突发低血糖。乘务员发现后，开始在车上问，哪位兜里有糖，麻烦拿出来一块儿，帮帮这个乘客。

"我的包里面没有"我心想，"要是我的包里有一块儿就好了。"

我一时很焦虑，还告诉自己，以后出门要随身携带糖块儿。这样的好处就是随时有可能帮到别人。

突然，我的思绪被打断了，听到一个女士说："我这里有一块儿糖，上次去海底捞拿的，带点薄荷味。"

到这里，这个案例就结束了。

所以，海底捞就这样被传播了一次。这个女士在有50多个乘客的公交车上，替海底捞做了一次广告，并且这样的广告毫无违和感。

做营销，首先要对顾客好。海底捞对顾客好，顾客就会对海底捞好，这就是良性循环。

04　资源人人都有，关键在于如何用

看了下面这个例子，你会理解为什么要学习营销。

毕加索，从不知名的画家到大师的过程中，就使用了营销的五大招数。毕加索深谙营销套路，在进入巴黎之前就做好了营销铺设；接下来

利用代言、现场推销、结成联盟，不断提高自己的势能。毕加索的自我营销非常值得我们学习。

第一招：巧立名目，自我宣传

毕加索作为一名西班牙人，他初入法国巴黎时是没有知名度的。为了打开巴黎的市场，毕加索雇了很多大学生，每天在巴黎的画店里面探访。这些大学生离开画店的时候都会问一句话："你们这里有毕加索的画吗？"

店员："请问谁是毕加索？"

大学生："请问在哪里能买到毕加索的画？"

大学生："请问毕加索到巴黎了吗？"

经过这样的追问。画店的老板都蒙了，一头雾水。

最后演变成画店老板到处找哪里能买到毕加索的画，很想买一些来卖。

很快，毕加索在巴黎画店的老板眼中就成为知名的人。看到时机成熟，毕加索开始带着自己的画出现在巴黎的各大画店，因为之前的伏笔，画店老板都非常期待毕加索的画。就这样，毕加索卖出多幅画作，一战成名！

第二招：借助媒介，变相代言

随着毕加索在巴黎越来越红，他又想了一个招数——每次外出购买东西的时候都不付现金，而是通过开支票签名支付。

作为商家，一想到毕加索的画这么值钱，他的字肯定也是一样的，所以毕加索开出的支票不少都被商家装裱后挂在店里，成为活广告。因为在商家眼里，这张支票不是用来兑换的，而是拿来炫耀的——对于这家店而言，毕加索的光顾是他的荣耀。换个角度来说，就是这家店已经得到了毕加索的认可。对于毕加索来说，商家的做法也替他做了宣传，进一步扩大他的知名度。

第三招：拉近距离，巧妙社交

毕加索发现他的画大多数被画商买走，那如何接触更多的画商，让画商成为自己的忠诚代理商呢？

毕加索很清楚，谈判不是他的优势，画画才是，所以，他开始给这些画商和收藏家画肖像画。在画肖像画的过程当中，可以跟对方进行眼神交流，画完之后，画可以永久保存，这样毕加索就与画商建立了深厚的友谊。当然，餐厅经营者如果经常与顾客进行沟通，也会产生这样的结果。

第四招：现场推销，制造竞争

毕加索经常把画商召集在一起，集中推销他的画。在推销的过程当中，他重点讲画的创作背景、创作意图以及这幅画的故事，讲得头头是道。

这样一来，拉近了画家与购买者的距离。画商越是亲近画作，就越着急购买，画的价格也随之提高。

第五招：异业结盟，广为传播

毕加索把自己的能力和作品嫁接到其他的行业上，比如，为舞台剧进行服装设计，在瓷器上作画，为葡萄酒设计商标等。

久而久之，巴黎的上流人士都认识了毕加索，这样的资源给他带来了源源不断的财富。反观另一位画家凡·高，虽然画了900多幅画，有生之年只卖出去一幅。

看到这个故事，你能想到什么呢？

我们再来看一个故事。

蒙牛的创始人牛根生，无异于营销大师。他创立的蒙牛乳业在营销上验证了毕加索的第一招，快速成为内蒙古乳业的第二名。当初牛根生从伊利出来时，几乎是一无所有，他是如何快速成功的呢？

牛根生从伊利出来以后，借了一点钱，他知道，必须把手里的钱快速转化成产品，才能完成周转。而牛奶的保质期有限，这就要求必须快速卖出去，否则随时面临创业失败的危险。所以在生产之前，牛根生就找了很多业务员，选择一个城市开始推销。

推销的第一步是，先让业务员穿便装去各大商超问，"你们这里有蒙牛牛奶吗？"并让不同的业务员重复地去问。这样一来商家就慌了，怎么这几天都是找蒙牛牛奶的，哪里能有蒙牛牛奶呢？开始大家都不知道。

突然有一天，有人来推销蒙牛牛奶了，"饥饿"了很久的商家，毫不犹豫地选择快速进货。

说到这里，你可能已经明白了。毕加索之所以成功，虽然画画的水平也不差，但帮他打开局面的是营销。蒙牛这样做，他的产品也不差，产品足够好，再通过巧妙营销，就能旗开得胜。

本节小结

本节分享了餐厅为什么要做营销，第一就是时代使然，商业的迭代就是时代的产物，只有顺应潮流，才能走到金字塔的顶端。

商业就是竞争，做好营销，提升知名度，让顾客主动传播，这才是根本。

餐厅为什么要做营销？

1. 时代使然。
2. 竞争激烈。

3.顾客心智之争。

4.资源人人都有，关键在于如何用。

思考作业：在你的认知中，餐饮营销是什么？

001：_____。

002：_____。

003：_____。

第二节　餐厅营销的十大误区

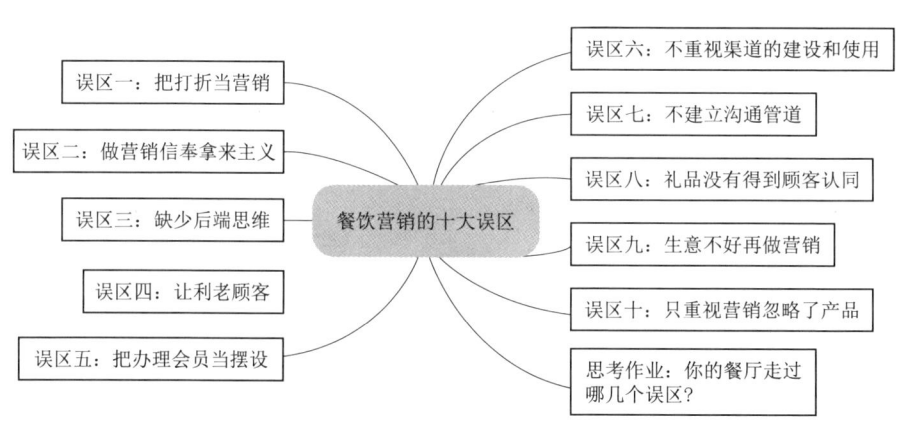

01　误区一：把打折当营销

如果把打折当营销，可能就没有不懂营销的人了。这种说法看似有点夸张，但是也说出了打折的本质——人人都会做的事情，你做了，显然不会有很强的吸引力。

从业这么多年，我没有看到哪一家餐厅是靠打折起家的；最近几年，倒是看到了不少因为过多打折倒闭的餐厅——打折打到停不下来。

为什么停不下来呢？

因为不少餐厅，打折就有顾客，不打折就没有顾客。打折就好比鸦片，如果打折成瘾，最后很难停下来。餐厅顾客越多，经营者越上火——因为不赚钱。

打折只能算促销，通过打折吸引来的顾客，并不是餐厅的精准顾客。这就导致一个现象，打折后，真正的优质顾客来了没地儿坐，使得优质顾客流失。而靠打折吸引来的这些顾客，很多都不是精准顾客，对产品的要求却很高，一不小心没做到位，就会给餐厅带来差评。

打折成风，就容易忽略成本考量，导致入不敷出，最后不得不草草关店。作为餐厅经营者，在决定打折之前，务必要思考：这个餐厅还有没有其他的营销方式？同时，还要思考：餐厅的产品是否有上升的空间，环境是否有能提升的地方，服务是否能更好。

做任何营销之前一定要计算成本，计算投入产出比。定好预算，量力而行，不要超出能力范围做营销。毕竟，开店是手段，盈利才是目的。

02　误区二：做营销信奉拿来主义

很多餐厅经营者为了省心，把别人的营销方案拿来就用，别人怎么做我就怎么做，丝毫不考虑自己餐厅的现状。

比如，明明是一家快餐店，却不考虑自身情况，模仿中餐厅的活动。更有甚者，隔壁餐厅做什么"我"就做什么，隔壁餐厅打折"我"也打折；隔壁餐厅做线上推广，"我"也做线上推广。这不是做营销，这是自相残杀，最终会两败俱伤。

2021年，有一个山东的火锅店老板参加了我们的社群学习。

他私信我说，他家餐厅旁边的店在打折，生意不错，他也打算这样做。我劝告他说，千万不要这样做——我帮他计算了一下跟风打折的成本，他立刻改变了主意，换成了其他营销方式，一样赢得了顾客。

有时候，最可怕的就是跟风，用拿来主义解决问题。一个人要有主见，经营一家餐厅同样也要有主见。如果竞争对手在打折，你的餐厅最好不要打折，计算好不做打折省下来的成本，通过其他方式回馈给顾客，不仅可以赢得市场，甚至还可以"秒杀"对手。

改变顾客的消费行为，让顾客自动回购，让顾客自发宣传，让顾客愿意带人来，这才是营销。

不要盲目地模仿，而是要通过不同的营销策略，与"邻居"形成互补。千万不要把"邻居"只当成竞争对手，而是要思考，如何把竞争关系变成互补关系，这样才会形成新的、良性的商业生态。

03 误区三：缺少后端思维

大部分餐厅都存在一个问题——做营销没有后端思维。餐厅营销，只有做好后端才能够一劳永逸。什么是后端呢？举个例子。

大家熟知的连锁快餐品牌——老乡鸡。从整体上看，老乡鸡经过多年的发展，已经不是一个传统意义上的餐厅——餐厅里有店中店，店里面售卖各种各样的农产品，这就是后端的延伸。把会员平台打通，连接公众号，建立了商城，实现了多维发展，值得餐饮人学习。

老乡鸡通过锁定顾客，打造多层次的消费场景，不仅提升客单价，还能让顾客通过其他场景产生回购。总结一句就是：锁定顾客终身价值，让品牌的价值最大化。

说到这里经营者可能会产生疑问：老乡鸡是连锁品牌餐厅，而"我"只有一家店，能参照这个模式吗？"我"该怎么办？

（图片来自老乡鸡公众号）

其实，一家店也完全可以参照这个模式，只是要略微改变一下思路。比如，用社群营销战略把顾客"圈"起来，在朋友圈、在社群中做"店中店"，这也是后端，不是吗？通过餐厅引来的客流，又重复销售了很多次产品。要知道朋友圈是没有租金成本的，如果自己操作，连人员成本都很少，却能形成稳定的销售，何乐而不为。

前端引流，后端赚钱，才会形成完整的商业闭环。否则，就是资源的浪费。让一家店通过设计生意模式，实现利润最大化，才是根本。

生意是"设计"出来的，不是经营者拍脑袋拍出来的，也不是店长随意做一个决策带来的，拍脑袋和随意决策的生意能成功就是博概率。总不能几十万元、上百万元投资一家店，然后靠概率赚钱吧。你不是大企业，大企业赋能 2 000 多个创客，有几个赚钱的就不亏；对于一家餐厅而言，不能博概率，要设计好盈利模式，稳扎稳打做好规划。

04　误区四：让利老顾客

做一次活动，本意是吸引更多的新顾客，却发现享受政策的都是老顾客。为什么会出现这样的结果？主要是没有重视传播。作为餐厅经营者，要把传播作为重中之重。疫情期间，如果海底捞的张勇、西贝的贾国龙不去发声，能很快拿到贷款吗？

说实话，一样能够拿到，但是势能很低。

通过传播，更多的银行主动贷款，同时形成了舆论影响，占据了头条，给餐厅带来了一波免费营销。作为普通群众的我们，就这样被营销了一次。想想疫情期间，你被餐饮品牌营销了多少次？

做任何营销活动，首先考虑一个问题，如何让更多人知道，也就是要做到小活动大传播，把布局设计好，把传播做足，才是营销高手；其次，要设置门槛儿，活动要有等级差别。比如，营销活动是针对老顾客还是新顾客，要有区分。门槛儿的形式变化多端，可以限时，可以限量，也可以限人。

下面的"三限"只是提供一个思路，餐厅在具体的操作时，可以根据经营情况具体设计营销方案。

1. 限时

做营销活动一定不是无限期的，有的餐厅做一次活动持续两个月、三个月，甚至半年。同一个活动，持续太长时间，顾客认知疲劳，参与的兴趣就会下降。一般来讲，7天到15天可以作为一个活动周期。

另外，如果从引流的层面上来讲，也需要限定时间。比如，发放代金券的营销活动，代金券尽量在7天之内让顾客来消费使用。

限时可以是具体日期，也可以是具体时间节点。如今，人们的生活节奏较快，每天的事情都很多，再加上现在互联网发达，各种信息层出不穷。作为普通人的我们，很难花时间去记住一个月之前某个餐厅的营销活动，所以营销活动的限时就非常重要。

2. 限量

限量是什么意思呢？比如，一些名贵的手表、一些高端的汽车，都推出了限量款，当然有一部分手机也有限量款。比如，小米最早的手机也是靠领码才能购买的，这也是一种变相的限量。为什么要限量呢？物以稀为贵！运用饥饿营销策略，用稀缺性提升产品的价值。

人最想得到的，一定是他轻易得不到的东西。

这就好比，一个男生追求一个女生，女生越不喜欢他，他就越想得到这个女生，并不一定是因为这个女生非常漂亮了，或者说非常优秀了。餐厅做营销活动也是一样，一定要限制数量，要让顾客知道这是限量款，这样顾客的参与度才会更高——越稀缺的东西越会被重视。

3. 限人

限人，就是区分会员等级。我们日常做营销活动的时候，也要区分普通顾客、会员、高级会员等，对顾客进行会员等级限定。通过会员等级区分，会让顾客产生一定的差异心理。比如，当会员看到非会员跟自己有区别的时候，会员内心就会产生一定的优越感。

这种优越感有什么好处呢？

可以给餐厅带来传播。顾客心里默念的句式是这样的："只有我在这家餐厅有'特权'，你没有"。

这就形成了社交货币。

当然，也可以利用裂变思维进行"限人"。比如，让顾客发个朋友圈，发个抖音视频，加个微信好友，这都是"限人"门槛。

经营者要时刻牢记，不劳而获的东西，顾客是不会珍惜的。

05 误区五：把办理会员当摆设

大部分的餐厅都不重视会员体系建设，会员办理就是摆设。做一个KT板，放在吧台的附近，就认为是引导顾客办理会员了。其实，顾客早就对这样的宣传麻木了，没有感觉了，还会办理会员吗？

员工无动于衷，顾客不闻不问。很多餐厅经营者说，店里会员随时可以办，就是没人办理，偶尔有几个办理的，还是朋友。

为什么？因为餐厅把办理会员当成了摆设。

很简单，先看看会员多的餐厅是如何做的。

会员多的餐厅都是主动引导顾客办理会员卡——餐前植入——餐中引导——餐后成交，这就是做好会员锁客营销三部曲（本书后面有详细讲解，在此不再赘述）。

会员战略，可以说是单店经营的终极战略，如果不重视，就相当于把顾客拱手相让。未来，除了网红店，传统餐饮门店拼的就是会员数量。你不去做，不代表别人不会做，你不重视，不代表别人不重视。到处都在办理会员，都在争夺会员，不去做好会员办理路径设计，所得肯定有限。

不要抱怨顾客不办理会员卡，是餐厅经营者没有让他办，没有刺激他办。顾客没有消费动机，哪会主动消费。没有顾客消费，说明会员锁客结果太差，守株待兔的时代一去不复返了。

06　误区六：不重视渠道的建设和使用

做营销，如果不考虑渠道，不去广而告之，影响就有限。换句更直白的话说，就是做了活动，跟不做没有任何变化。

做一次活动，各种营销渠道一概不用，顶多在店门口贴一张海报，在吧台贴一张海报。顾客不来店基本不知道；即使来店，也是匆匆扫一眼海报，很难留下印象。有免费的渠道，不去用，实属浪费。

做好渠道建设，建立全员营销模式，才是餐厅发展的未来。通过培养员工，提升员工的"单兵作战"能力，让每个员工都成为营销达人。

渠道可以分为线上渠道和线下渠道。线上渠道，如朋友圈、微信群、公众号、本地贴吧、抖音、快手等；线下渠道，如门店内部、门头、异业商家等。另外，还可以利用自身资源，进行渠道的置换。

在这里我举个儿童培训班获客的事例，看看这些儿童培训班是如何获客的。很多地方，一些儿童特长培训班免费承包了幼儿园的一些课程，比如，音乐课、体育课等；有的没有承包，但是每个月会在固定的时间免费去上课。为什么这么做？这是因为，这种做法能打开获客渠道，这种方式比在校门口发传单能更有效地获客。

直接锁定流量入口，这是竞争的不二法宝。在流量入口截留看似成本很高、门槛难跨，实则不然。

07　误区七：不建立沟通管道

什么叫沟通管道？简而言之，就是与顾客沟通的渠道。开一家餐厅，最忌讳的就是，顾客吃过饭，离店以后与餐厅没有任何联系了。

顾客与你没有任何联系，而你却口口声声说，顾客不回头。请问，顾客凭什么回头，回头的理由是什么？如果我们不通过线上平台和线下渠道引流到私域流量池，怎么会有这么多客户与我们合作呢？加顾客微信或者是引流顾客到自己的私域流量池，不仅能建立沟通渠道，而且也建立了营销渠道。

有的餐厅经营者说："我从来不发朋友圈，我怕打扰别人，我的微信不加顾客，加了我也删除了。"如果有这种思维，怎么去影响别人呢？天天刷抖音、玩快手，却不想着利用免费的流量平台引流，完全是资源的浪费。

08 误区八：礼品没有得到顾客认同

礼品营销要遵循三个原则，否则顾客就会无感，礼品也不能起到作用。

1. 刚需

餐饮店提供的礼品是顾客的刚需吗？能够成为顾客的展示品吗？能让顾客主动发在朋友圈吗？

也许有人会问，什么是刚需？刚需是由顾客决定的、由顾客群体消费水平决定的刚性需求。如果是一家开在郊区的餐厅，顾客大多需要洗衣粉、洗衣液这样的礼品；如果餐厅开在大城市，还提供这样的礼品，顾客就会无感。

2. 高频

不是把礼品送给顾客就算营销结束了，要考虑礼品使用的频次，以及借助礼品就餐的频次。比如，德克士的礼品杯子，想要有礼品杯子给予的优惠政策，就需要带杯子到餐厅。餐饮人要把餐厅的产品作为与顾客"博弈"的工具，更要有一种权衡——礼品是送出去的，是让顾客高频使用这个礼品,还是让顾客高频就餐?礼品使用高频,要么随身携带,要么随时可见;就餐高频,只要就餐,就要出示。这就是把顾客变为传播渠道,变成广告载体,深度绑定。

3.痛点

不同年龄层次的顾客,痛点不同,要针对顾客的痛点送礼品,就要对顾客进行年龄上的划分。根据不同年龄层次的顾客需求和痛点来提供礼品,甚至根据顾客的痛点做定制化礼品。也就是说,顾客需要什么,我们就要给什么。

对于经营者来说,不能让顾客满意,那就失去了开店的意义。送个礼品,也要面面俱到。

09 误区九:生意不好再做营销

餐厅经营是一个长期行为,餐厅营销也要遵循长期性。

很多经营者认为,生意好的时候太忙,不需要做营销;生意不好的时候再去做营销。在实际操作中,很多经营者确实是在餐厅出现严重问题的时候才想起来做营销,希望靠着营销起死回生。而这个时候大多数这样的餐厅其实已经病入膏肓,即使做营销也回天乏力。

要记住营销是锦上添花,不是雪中送炭。这本书也贯穿了这样的思维,没有把如何做营销放在第一位,而是告诉餐饮人如何去做改善——通过改善不仅能逐步实现餐厅营业额的增长,还能为餐饮品牌加分、赋能。

说到底,营销的重心就两个:一是老顾客,二是新顾客。营销的目的一定是让老顾客回头,让其重复消费,并且形成口碑,让老顾客自发转介绍给新顾客。这也意味着生意好的时候做营销,重点是抓回头客;生意差的时候做营销是让老顾客回头,同时吸引新顾客。

另外,不同的餐饮品类、不同的经营阶段,营销方案也有所不同。

一言以蔽之，营销是伴随着餐厅整个经营周期的。

10 误区十：只重视营销忽略了产品

产品是顾客来店的唯一理由。

开一家餐饮店，不要天天想着亲戚、朋友来捧场，依靠亲戚、朋友来捧场是不可持续的。朋友、亲戚可以变成餐饮店的渠道商，变成销售员，变成合作伙伴，但不能变成长期顾客。如果单靠亲戚、朋友捧场，无异于求人施舍，最后可能连亲戚、朋友都做不成。

对于餐饮店来说，产品是一家店的根基，根基没了，满盘皆输。有的餐厅经营者产品还没做好，却把自己夸得天花乱坠，就想着赚钱，这是不可能实现的。产品的重要性决定了我们做餐饮营销方案一定要从梳理产品开始。

有的餐厅本末倒置，认为营销是餐厅的根本，希望靠营销扩大影响。这是不对的，没有餐厅只靠营销能活长久。顾客去餐厅是吃饭，"吃饭"这两个字就暗含了产品主义。营销做得再好，再走心，顾客不买产品账，一切都等于零。

本节小结

本节梳理了餐饮营销中的一些误区，希望餐厅经营者引以为戒，做一个懂营销的经营者。经营者要把以前忽略的，没想过的事情，通过学习和实践尽快弥补。

先做好产品，再考虑营销。做营销之前，优先考虑宣传方式和传播渠道。办理会员之前做好路径梳理；打造的礼品要符合顾客身份，不痛不痒的礼品，不受待见；任何营销活动，做好后端布局，不要把费尽心思吸引的流量白白浪费。

餐厅做营销，务必避免以下十大误区。

误区一：把打折当营销。

误区二：做营销信奉拿来主义。

误区三：缺少后端思维。

误区四：让利老顾客。

误区五：把办理会员当摆设。

误区六：不重视渠道的使用和建设。

误区七：不建立沟通管道。

误区八：礼品没有得到顾客认同。

误区九：生意不好再做营销。

误区十：只重视营销忽略了产品。

思考作业：你的餐厅走过哪几个误区？

001：_____。

002：_____。

003：_____。

第三节 餐厅做好营销的五大好处

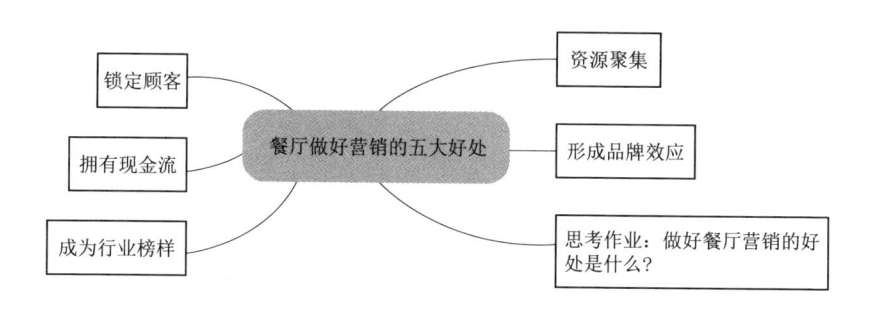

餐厅做好营销的五大好处：
- 锁定顾客
- 拥有现金流
- 成为行业榜样
- 资源聚集
- 形成品牌效应
- 思考作业：做好餐厅营销的好处是什么？

01 锁定顾客

餐厅做好营销的第一大好处是锁定顾客：通过锁定顾客增加竞争壁垒，让顾客主动回头，产生复购。

比如，淘宝 88 会员。淘宝的 88 会员体系比较成熟，办理会员的同时会告诉顾客有哪些权益，购买指定产品能够省多少钱，而且到期会提醒会员续办。按理说，淘宝并不缺流量，为什么还要这么做呢？因为经营者清楚，只有锁定会员，会员才不会到处"跑"；留住了会员，复购率就会提升很多。很简单的道理，有了淘宝会员，你还会办理一个某东的会员吗？

我们以星巴克的会员体系为例再来说明。

星巴克的会员分为 3 个等级，靠累积消费来升级。比如，星巴克的银星级会员（初级会员）只需要购买一张星享卡并激活，但要升级为玉星级会员（中级会员）则需要满消费 250 元。以此类推，消费 1 250 元就可升级为金星级会员（高级会员）。

星巴克把办理会员这件事情游戏化，让会员不断地"打怪"升级。

星巴克最初级会员卡（星享卡）一张88元，里面有一张早餐券、三张买一赠一饮品券、一张免费升杯券，限时三个月用完。当初级会员的三张买一赠一饮品券用完后，准备购买第四杯饮品的时候，店员就会暗示："如果再买一杯，可以升级为玉星卡会员了，就能免费领到一张咖啡兑换券了。"

同时，星巴克还推出的"小星星"策略来降低顾客对升级的难度感知。小星星是一种积分方式，用星星来替代消费金额，消费每满50元会产生一颗星星（类似于虚拟积分）。

我们看一下星巴克的"套路"。

（1）一般消费心理是有券都会尽量用掉。买一送一，就是两杯，顾客可能就会带上朋友、同学一起喝星巴克，并且互相品尝一下对方的饮料。买一送一就是拉新的妙招。

（2）用一张"早餐券"引导会员在购买咖啡时也买一些糕点，从而培养顾客"早餐去星巴克"的消费习惯。因为这张券是自己买的，一般人都会觉得要用出去才不吃亏。

（3）升级体系类似于打游戏升级，对顾客而言是新奇且有用的，而且最重要的是，星巴克往往会让顾客认为，升级会员是一件有趣又简单的事。

2020年，星巴克财报显示，在整个咖啡行业并不是很景气的情况下，其依然增长，并且会员的消费额是非会员的3倍。在锁定忠诚会员上，星巴克可以说是行业标杆，其背后的逻辑就是会员消费升级，让顾客循序渐进地进入自己设定的"圈套"。

这种会员营销方法完全可以用在餐厅日常的会员拉新上。比如，在餐厅会员储值营销上，为了让顾客快速做出储值的决定，一般会把储值档次定成三档，一个低档，一个中档，一个高档。这样做是为了方便顾客进行对比，超过三档，就增加了顾客的决策时间和难度，顾客可能望而却步，不参与储值了。

那么，为什么要做储值营销？是为了圈钱？是也不全是。做储值营销的最大目的是锁定顾客接下来的若干次消费。顾客把钱放在哪家店，就会时刻记住这家店，消费的时候就会把这家店作为首选。

以前餐厅可以通过产品与服务一步步让一般顾客成长为忠诚顾客，现在餐饮行业竞争如此激烈，餐厅如果还在慢悠悠的培养忠诚顾客，风险就出现了，顾客非常容易被竞争对手抢走。

比如，黄大妈木桶饭，通过储值锁定顾客，一次性收款 20 多万元；新疆的一家火锅店，投资 200 万元，半年收回投资，还赚了约 20 万元，把当地吃火锅的高端客户几乎全部锁定。

02　拥有现金流

现金流就是一家餐厅的大动脉。没有现金流，经营就难以为继。餐厅在开业前拥有现金流最好的方式就是做预售。

2019 年上海开了一家超市，这家超市的成功经验非常值得餐厅经营者借鉴。

这家超市还吸引了中央电视台的报道，相当于做了免费的广告。

我们先看看这家超市是怎么做的。

经过两年的筹备，Costco（中文店名：开市客）在上海闵行区开设了一家门店。这家超市虽然远离上海市区，并且开业当天还是工作日，现场依然人山人海，出现扫货潮。

（1）停车场等待需要 3 小时。

（2）结账需要排队 2 小时。

（3）中午 Costco 就发布公告"为提供更好的购物体验，今日下午卖场暂停营业"。

（4）将对"入场人数进行管控、卖场内限 2 000 人"。

Costco 是何方神圣？开业场面怎么这样火爆？

作为美国最大的连锁会员制超市，成立于 1976 年的 Costco 在全球设有超过 770 家分店，会员超 9 600 万，也是全美第二大、全球第七大零售商。美国 90% 以上的家庭都是其会员，Costco 每年会员费收入高达 45 亿美元。

根据 Costco 公布的数据，上海店的非食品类百货商品价格低于市场价的 30%~60%，食品类则低于市场价的 10%~20%。Costco 商品毛利率大都在 10%~11%，大部分商品可无理由退货……"低价"而不"廉价"，广受消费者的欢迎。

为何选择在上海闵行区开店？Costco 亚洲区总裁曾解释：闵行区所在商圈附近具有较高消费能力的中等收入群体数量较多。而天猫国际的数据也显示，Costco 在中国的购买者主要来自华东地区，其中，上海地区最多。

虽然 Costco 的会员费收入只占总收入的 2.2%，却创造了公司 70% 的营业利润。

从 2019 年 7 月 1 日起，Costco 上海门店开放会员申请，正式开业前会员数已超 12 万。也就是说，以年费 299 元计算，这家超市还没开始营业，就已经收款 3 588 万元，这是一笔庞大的现金流，对于 Costco 的经营至关重要！

此外，8 月 26 日前开卡还可省 100 元会员费，开幕期间（8 月 27 日—9 月 29 日）卖场还有额外优惠……这些给已经火爆的开业场面又添一把火。

其实，对于 Costco 来说，在中国市场的顾客争夺战才刚刚开始。说到这里，可能有的人会感慨，这也太厉害了吧？没错。

这里总结一下 Costco 的成功经验，从中我们可以找到快速拥有现金流的启示：

（1）会员制，减少拓客成本，增加现金流；

（2）通过返现，绑定消费，持续创造现金流；

（3）有自有品牌随时控价，全场只有4 000个品种，类别少必然大量采购，对供应商更有谈判筹码，减少成本支出；

（4）快速周转率，接近每个月一次回款，比沃尔玛高3倍，资金能快速回流；

（5）自有品牌与其他品牌占比3∶7，口碑自动裂变，为现金流可持续做准备；

（6）产品高性价比，会员满意度极高，会持续消费，创造现金流。

Costco通过会员战略实现了开业前的拓客与锁客，使资金快速回流。

Costco的经验间接告诉我们，现金流就是企业的大动脉，无论是新开业的餐厅，还是老店，都要把会员战略作为标配。

我们也帮助很多餐厅通过会员锁客营销，最快7天收回全部投资。会员数量就是一家餐厅经营的风向标，会员战略也是当下私域流量经济的标配。后面有锁客流程的介绍，请仔细阅读。

03　成为行业榜样

在任何行业，最好的路径，就是成为榜样，成为榜样就会增加不少机会——可以做加盟，可以做培训，也可以做供应链，把一个项目做成事业，放大价值。而营销能帮助企业成为行业榜样。

举几个简单的例子。

黄大妈木桶饭，经过十多年的沉淀，自建中央厨房，打通供应链，做好品牌布局。2020年通过产品升级和品牌升级，受到顾客与加盟商的青睐，实现了单店营业额和门店数量的双增长。产品升级和营销推广使黄大妈木桶饭成为木桶饭行业的领先品牌。2021年已经突破20家门店，吸引不少同行前来参观学习。

北京宴，通过服务打出了知名度，扩大宣传，成为行业标杆。全国餐饮人都在学习北京宴，渐渐地，北京宴形成了利用培训后端赚钱的模式。还有的品牌，一年培训费收入就是几百万元。

做好了产品和营销，成了行业头部，利用影响力成立专门的培训公司，进入餐饮培训领域，更进一步成为行业翘楚。

众所周知，在培训界，海底捞的logo几乎进入了所有培训师的PPT中，这就是对品牌最好的加持，也是品牌最好的广告，这无形当中提升了品牌形象。

再比如，洛阳当地有一家卖锅贴的店，生意火爆，每天都有不少人在排队，而这店家利用这样的机会又做了一波营销，吸引了更多路人跟风进店。

餐厅生意好，自然会成为顾客的首选。顾客在无从了解餐厅口味时，喜欢进有人排队或者就餐人数比较多的餐厅，这也是羊群效应的充分佐证。

任何领域，成为行业标杆，资源就会随之而来。

04 资源聚集

做好营销，生意越来越好，就是最好的品牌积累。只有生意好了，才能实现资源聚集，甚至让资源主动找你。

比如，伏牛堂的张天一，没写过一份商业计划书，却轻松拿到了多次融资。

再如，在日本有一家书店叫茑屋书店，出版了一本同名书《茑屋书店》。现在，茑屋书店在全球已经有了1 400余家分店，每一个门店的定位、设计和功能都不尽相同。秉持着个性、特色的经营理念，在互联网兴起时，茑屋书店就开始"触网"。T-card是茑屋书店的互联网产品，T-card的实质是跨业种通用积分服务。截至2018年9月，T-card联盟企业数达940 928个，会员数量也达到6 788万人，活跃用户占到了日本总人口的50%以上。

茑屋书店一直不缺乏追随者和模仿者，之所以不可替代，根本原因就是完备的会员联盟体系和数据能力，让茑屋书店成为一个面向未来的全新商业形态。

从上面的数据可以知道，日本有一半人口都是茑屋书店的会员，庞大的会员体系使书店有了多种商业转化获利方式，资源主动上门就不难理解了。

当然，茑屋书店的经营理念，也非常值得学习。创始人增田宗昭曾说："我们的目的是让不来的人后悔。"就是基于这个理念，使得书店的经营更人性化，会员更加有黏性。

茑屋书店大量的会员成为杠杆资源，很多企业都会主动与茑屋书店谈合作——这是最值得我们深入学习的地方。一家餐厅，也要重点去做门店的会员系统，顾客不来消费的时候，还愿意把钱放在这里，说明这家餐厅赢得了顾客，使餐厅变成了"银行"。

05　形成品牌效应

一些餐饮企业，依靠强大的营销团队，通过做好营销，收取加盟费，甚至有的加盟商自己都没有实体店，却赚得盆满钵满。只靠营销宣传吸引加盟的企业虽然没有商业道德，后继也乏力，但是我们至少可以从他们的营销模式中取其精华去其糟粕，为我们的餐厅营销提供思路——利用营销，做好品牌。当然也不能只靠营销做品牌，产品和营销并行，形成品牌效应。

无论是肯德基、麦当劳，还是可口可乐，在产品的基础上，营销就是持续做，持续曝光。为什么？就是要让自己的品牌印在顾客的脑海中。

再举个例子，曾经火爆一时的答案奶茶，就是切中了产品和营销两个点，形成了品牌效应。答案奶茶通过把传统的奶茶改造，抓住年轻人猎奇心态，让奶茶具备互动社交属性。在产品上有买单茶、求签茶、表白茶等。只要你敢问，这款茶都能给出答案，如同占卜一般的神秘，让顾客喝进心里！有故事、有互动、有参与、有社交属性的茶，自然受当下年轻人的欢迎。

答案奶茶在抖音火起来以后，短时间就收获大量的加盟伙伴。虽然答案茶因为假冒者太多和品牌归属受到影响，最终归于沉寂，但是给我们的启示很多，其中最重要的就是通过营销建立企业品牌。

综上所述，这个时代，缺的不是渠道，尤其是不缺传播渠道，大量的渠道供你选择，也能让你的餐厅形成品牌效应，就看你用不用了。

本节小结

本节阐述了餐厅做好营销的好处，锁定顾客，回收现金流，成为榜样，资源聚集，快速形成品牌效应。

餐厅做好营销有五大好处：

一是锁定顾客；

二是回收现金流；

三是成为榜样；

四是资源聚集；

五是形成品牌效应。

思考作业：做好餐厅营销的好处是什么？

001：_____。

002：_____。

003：_____。

第二章　重新定义营销，是经营好餐厅的第一步

在餐厅经营中，营销扮演着极其重要的角色，通过营销，能够扩大餐厅的销售，吸引更多的顾客，提高产品的销售量，为餐厅创造更多的收益，提高餐厅的竞争力，帮助餐厅在激烈的市场竞争中占据优势地位，所以，重新定义营销，是经营好餐厅的第一步。

第一节　什么是餐饮营销

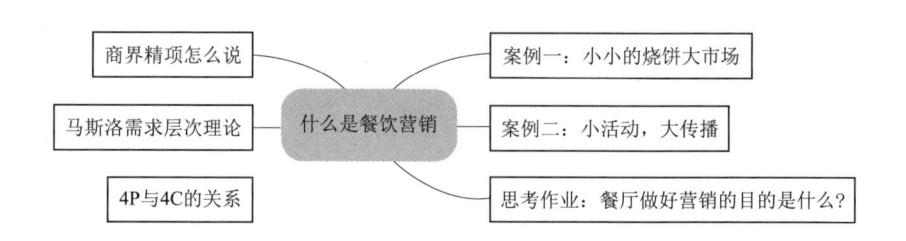

什么是餐饮营销
- 商界精项怎么说
- 马斯洛需求层次理论
- 4P与4C的关系
- 案例一：小小的烧饼大市场
- 案例二：小活动，大传播
- 思考作业：餐厅做好营销的目的是什么？

大家应该听说过这样的说法：销售与营销的区别，销售是为了产品卖好，把产品卖出去；营销是为了让产品好卖，吸引用户主动购买产品。餐饮营销与销售的区别也是如此。营销就是让别人知道你，在想到

你的时候能找到你。更直白地说，一是让更多顾客知道，二是让更多顾客想到。知道才有可能来，想到才有可能再来。

01　商界精英怎么说

了解餐饮企业营销，先要明白餐饮企业经营，我们先看看商界精英是怎么说企业经营的。

企业存在的唯一目的是创造顾客。

——德鲁克

基于创造顾客，运用好营销思维就是创造顾客的最佳方式。

企业存在的目的是让员工幸福。

——稻盛和夫

从商界精英的言论中我们可以知道，企业不是以改变顾客为目的，而是要以满足顾客的需求为宗旨。餐饮企业也是一样，不断创造顾客，时刻满足顾客需求，就是餐饮企业经营的第一出发点和第一要务。

02　马斯洛需求层次理论

基于顾客需求，我们看一下马斯洛的需求层次理论。

生理需求，也是层次最低、最基础的需求，如对食物、水、空气、健康等的需求。

安全需求，同样属于低层次的需求，包括对人身安全、生活稳定以及免遭痛苦、威胁或疾病等的需求。

社交需求，属于较高层次的需求，如对友谊、爱情以及隶属关系的需求。

尊重需求，属于较高层次的需求，如对成就、名声、地位和晋升机会等的需求。尊重需求是自尊和希望受到别人的尊重，即包括尊重自己

（例如，自己的尊严、成就、独立）和希望他人尊重（例如，获得声誉、地位、威望）。

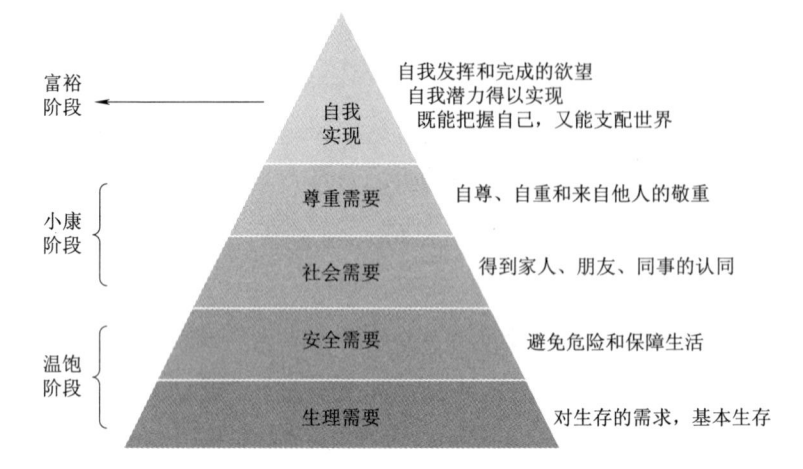

```
富裕阶段 → 自我实现：自我发挥和完成的欲望／自我潜力得以实现／既能把握自己，又能支配世界
小康阶段 { 尊重需要：自尊、自重和来自他人的敬重
           社会需要：得到家人、朋友、同事的认同
温饱阶段 { 安全需要：避免危险和保障生活
           生理需要：对生存的需求，基本生存
```

马斯洛需求层次理论

自我实现需求，这是最高层次的需求，包括对真善美至高人生境界获得的需求，以及人们追求实现自己的能力或者潜能，并使之完善。前面四项需求获得满足，最高层次的需求就会陆续产生，自我实现需求也是衍生性需求。

谈到人性，剖析人类需求与动机对行为的影响，我们首先想到的就是"马斯洛需求层次理论"。马斯洛需求理论与餐厅经营有什么关系呢？

人类的需求归纳为生理需求、安全需求、社会需求（归属和爱）、尊重需求、自我实现需求的五个层次（见上图），从低到高递升，主要围绕如何满足人的需求来展开的。

对于餐厅经营来说，顾客在餐厅首先实现的是最为基本的生理需求，生理需求得到满足之后，就会进入下一层次，即顾客开始追求安全感。从路边摊盛行，逐渐到兰州拉面、沙县小吃等被更多的人光顾，人们从吃得饱开始对食物的干净、食品的安全有了更强烈的需求，开始强调原料以及食材的安全性。而同时更进一步，方便、舒适的用餐环境也满足了人们对生活稳定的需求。

社会需要是归属和爱的需求，是对亲情、友情、爱情的追求，也就是人的社交需求，于是出现了奶茶店、各种餐饮品类分化……餐厅应该针对目标顾客的需求完善升级餐厅功能，比如，营造和谐优雅的环境满足商务需求的顾客；营造轻松愉快的环境满足社交需求的顾客。

顾客在用餐时与餐厅员工进行交流，去感受品牌的服务和文化。人人都期望自己得到尊重或者获得一定的社会地位，即便这种尊重和社会地位不能用实物体现。比如，不少网红店就是让尊重需求被满足，从而带来良好的顾客体验。

自我实现的需求是最高层次的需求。这一层次需求主要从审美功能和自我实现两个方面找准人群特征需求，从餐厅服务、环境、产品特色形成独特的饮食艺术和审美艺术，用特定场景和活动给顾客一个展示的机会，提升顾客在自我实现需求的满足感。比如，一些餐厅鼓励顾客参与动手制作菜品，一些蛋糕店鼓励顾客动手制作蛋糕等。

我们来总结一下，企业存在的目的，就是在员工幸福的基础上创造顾客。再深入一步说，企业存在的目的，就是让员工幸福，创造顾客并满足顾客需求。

员工幸福与满足、顾客需求两者相辅相成，不分先后次序——这句话值得每一位餐饮经营者思考。

03 4P 与 4C 的关系

科特勒在《营销管理》一书中提出：企业的营销决策是要紧紧围绕市场需求的，所以企业必须把市场需求信息作为调研的重要内容，调研内容包括顾客的需求，顾客需求的时间，以及顾客乐于以何种方式接受营销企业的产品或服务。

做营销首先要理解 4P 和 4C。

4P 是四个基本策略的组合，指"产品""价格""渠道""推广"。4P 是站在企业的角度看市场，在经营中形成的市场营销组合（市场营销组合是指企业根据目标市场的需要，全面考虑企业的任务、目标、资源以及外部环境，对可控制因素加以组合和应用，以满足目标市场的需要，实现经营的任务和目标）。4P 是日常营销工作中的"抓手"。

4C 是与传统营销的 4P 相对应的策略组合，指的是"顾客""成本""便利""沟通"。4C 以顾客需求为导向，重新设定了市场营销组合的四个基本要素。4C 也是企业的营销目标。

在柏唯良教授的《细节营销》一书里，谈到一个观点，把 4P 里的每一个 P 和 4C 中的每个 C 组合形成 16 种关系。

这 16 种关系中，每个点所呈现的情况，就是企业做营销时需要面对和解决的问题，也是企业在做营销的研发时可以进行思考、创新的路径。

下面是 4P 与 4C 关系图谱（设计餐饮营销方案也可以通过头脑风暴运用 4P 模型来操作）。

4P＼4C	产品	价格	渠道	促销
顾客	顾客→产品	顾客→价格	顾客→渠道	顾客→传播
成本	成本→产品	成本→价格	成本→渠道	成本→传播
便利	便利→产品	便利→价格	便利→渠道	便利→传播
沟通	沟通→产品	沟通→价格	沟通→渠道	沟通→传播

餐厅在做营销活动的时候，要先看一下 4P，逐个思考，哪些方面可以改进，哪些方面可以调整，通过 4P 来提升 4C，进而提升餐厅的业绩。

前面说过，我做营销并喜欢营销，源于多年前一个热爱营销的朋友说的一句话——"营销就是让别人知道你，在想到你的时候找到你"。

这句话非常接地气，联系 4P 和 4C，从这句话中可以找到两个营销思考方向。

第一个方向："营销就是让别人知道你"——浅显易懂的一句话，不需要任何解释都能看明白。如何知道呢？顾客、产品、沟通、传播一个都不能少。虽然很多专家描述得天花乱坠，但是没有任何意义。在餐饮行业，也有标榜为专家的人，其实真正的专家是为餐饮这个行业默默贡献，输出有用内容的人——低调做人，高调做事。

第二个方向："在想到你的时候找到你"。前面一句话，让别人知道你，光知道还不够，还要能够找到你。如何找到呢？这就要建立沟通渠道。过去是电话沟通，现在多是微信沟通。

接下来我们看两个案例。

案例一：小小的烧饼大市场

2014年，我们给一家合作客户做过一个营销方案。

这是一家面馆，首先，我们对产品结构进行重新设计、调整，在原有品种的基础上增加了烧饼——这是因为调研发现，他们家有10多年的烧饼制作经验，只是现在店开大了，放弃了做烧饼。

既然会做，制作好烧饼直接卖吗？不是的。我们要做营销的研发，也就是说，营销应该解决如何卖得更多，要直接把烧饼做成爆款，那怎么去操作呢？

接下来拆解一下。

经过了解，这家面馆烧饼师傅有10多年的烧饼制作经验，烧饼做得很好，那就可以包装做烧饼的师傅。

首先，我们找到有档次的厨师服和帽子，带着漂亮的盘子和五六个品相好的烧饼去照相馆拍了一组照片。当时与照相馆协商，我们只要电子版照片不要实体照片，拍完之后没有做任何的修图，所以只花了10元钱。

接下来做什么呢？带着这张照片的电子版，找到广告公司，设计一个易拉宝的海报。

照片的形象就是这个烧饼师傅穿着大厨的服装，手上端着一个盘子，盘子里有烧饼。这张照片非常形象。照片加上展架全下来，只花了120元。

在海报上面有一些产品价值的提取，也就是说，我们要包装这个师傅以及他做的烧饼。当然，包装也是基于产品做的，首先是师傅从业时间的背书，专注烧饼10多年；其次，本店烧饼全部采用品牌食用油，安全营养。

简易流程如下：

第一步，做一张电子版的照片；

第二步，设计一张海报；

第三步，把挂有海报的展架摆在餐厅门口。

最后的结果就是，每天烧饼都很快卖空，顾客排队抢着买，24小时制作烧饼都不够卖。

这家店在做营销策划之前，每天约3 000元的营业额，经营很吃力，因为租金很高，人员很多，面积有270平方米，卖3 000元肯定是不赚钱的。

新的营销方案应用不到一个月的时间，这家店的营业额就从每天的3 000元增长到了12 000元。

店里的烧饼做得的确非常好，像艺术品一样，拿到手上都舍不得吃。这就是产品的"啊哈"时刻。

我曾经开了一家卤肉饭快餐，主要卖的是卤肉饭，很多顾客在卤肉饭端上去的一刹那，都在纠结要先拍照还是先吃，甚至有母女俩因为拍照起了争执。很多顾客在上餐以后，发出了"哇"的一声，这也是一个"啊哈"时刻。可能很多人会追问，那烧饼卖了多少呢？烧饼每天大约卖3 000元。这就是营销的魅力。

案例二：小活动，大传播

蒙牛乳业集团曾经开发了一款冰激凌——大冰砖。蒙牛当时的营销思维，现在依然值得我们思考和学习。

蒙牛的理念是市场指挥工厂，针对这款冰激凌先定了几个产品标准：

第一，盒子要亮，包装要吸引人；

第二，价格要实惠，能招揽人；

第三，盒砖要不粘不贴，要突出卫生；

第四，要配上勺子，方便购买者食用。

蒙牛的营销方式也非常独具匠心——买赠。这是中国冰激凌发展史上第一次买赠活动，开启了冰激凌品类的全新营销模式。

蒙牛乳业集团创始人牛根生曾说过一句话："在企业发展的每一步当中，不管从事什么广告活动，都应该把它看作一次事件营销来对待。"这就是我经常对客户说的："小活动，大传播。"

牛根生带领下的蒙牛，在三无状态下——无工厂、无奶源、无市场——成功崛起，不仅一炮打响，还成为中国乳品行业标杆，获得无数的荣誉。蒙牛的营销策略体现了对营销的深度理解。

在2003年中国经济年度人物，牛根生获得了的颁奖词是："他是一头牛，却跑出了火箭的速度"。

综上所述，餐饮营销就是餐饮企业基于顾客需求创造顾客的方法论，仅此而已。

本节小结

本节从不同的维度分享了什么是营销——营销就是让别人知道你，在想到你的时候找到你，营销就是创造顾客的最佳方式。

什么是餐饮营销？

001 让顾客知道你，在想到你的时候找到你。

002 餐饮营销就是餐饮企业创造顾客的方法论。

003 企业不是以改变顾客为目的，而是要以满足顾客的需求为宗旨。

004 马斯洛需求五大层次：生理需求、安全需求、社会需求（归属和爱)、尊重需求、自我实现需求。

005 企业存在的目的，就是在员工幸福的基础上创造顾客。再深入一步说，企业存在的目的，就是让员工幸福，创造顾客并满足顾客需求。

思考作业：餐厅做好营销的目的是什么？

001：_____。

002：_____。

003：_____。

第二节　让餐厅不走弯路的四大营销原则

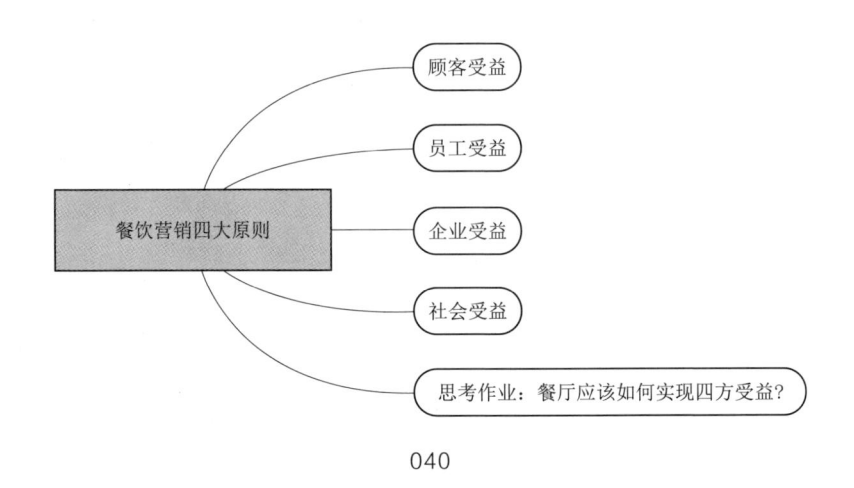

```
                    ┌─顾客受益
                    │
                    ├─员工受益
                    │
   餐饮营销四大原则 ─┼─企业受益
                    │
                    ├─社会受益
                    │
                    └─思考作业：餐厅应该如何实现四方受益？
```

做人与做事都要有目标，开一家餐厅也是一样，要以让顾客受益，让员工受益，让企业受益，让社会受益为原则。经营一家企业，是四方，即顾客、员工、企业、社会共赢。做营销同样要基于这四大原则。

在我看来，这四条原则完全可以设定为餐厅的经营法则。

01　原则一：顾客受益

所谓顾客受益，简单来说，就是顾客得到好处。

你的餐厅能够让顾客得到好处吗？能够让顾客得到什么好处呢？

只有让顾客得到好处，顾客才会随时想起你的餐厅，进而向别人宣传你的餐厅。有一句俗语叫：吃谁向着谁。企业经营上也是如此。

这让我想起茑屋书店的创始人增田宗昭的一句话："让不来的人后悔"，这个标准足以让顾客受益。

增田宗昭站在顾客的角度去理解顾客的心情，去寻找顾客真正想要的产品，然后把它制造出来，这一点值得我们餐饮人学习。《茑屋书店》这本书里说过一个故事：增田宗昭为了弄清楚工作日的早晨什么样的顾客会来书店，以及工作日的下午、傍晚和周日的早上、下午、晚上的客流情况，他会一大早就去店门口观察，记录下不同时段的人流情况，以及高峰出现在什么时候。

另外，为了了解顾客心理，增田宗昭曾在街道上一圈又一圈地转。转圈的时候，他把自己代入进去，时而想象自己是20岁的年轻少女，时而想象自己是大学生，时而想象自己是大妈。他从不同的代入角色的角度思考，不仅思考不同的顾客对一家店的期待是什么，还思考一家店的哪一部分能够充分吸引顾客——让顾客受益。

他还会问自己问题，从女性的角度、学生的角度、老人的角度等不同的角度思考答案。

"想去那家店吗？"

"不想去那家店吗？"

"走哪一条路？"

"欣赏怎样的风景？"

用他的话说，只有仔细琢磨过这些问题，才会得到顾客满意的评价。毋庸置疑的是，得到顾客的满意评价，首先是顾客受益。

02　原则二：员工受益

稻盛和夫说过："企业存在的目的是让员工幸福。"换言之，员工幸福，就是员工最大的受益。

稻盛和夫还说："企业要为客户、员工、股东、社会作贡献。但我认为这四者之中，最重要的是员工，首先要让员工幸福、高兴。这样员工就会发自内心愿意工作，愿意积极为企业的发展贡献力量，这样企业的业绩就会提升。"

企业的业绩提升了，对股东的回报也就增加了，对股东也就作出了贡献。同时，员工心甘情愿地勤奋工作，也能更好地回报客户。员工感到自己幸福，社会也会和谐，也就是对社会作出了回报。

1959年，稻盛和夫创立了京瓷公司，当时只有28个人。第二年招聘了10个高才生——高中毕业生。这些高才生工作了一年，突然跑到稻盛和夫那里要求改善待遇，还写下了血书，如果不能保障他们的未来，他们就辞职！

稻盛和夫将心比心跟这些员工谈话。谈判持续了三天三夜，最后他把刀子往桌上一拍，说："我要用我的生命做赌注，为了让大家过上好日子我会去维护好这个企业。如果我是为了自己的私心杂念而经营企业，你们可以砍死我！"

最后，这些员工信服了。

稻盛和夫说服了那些要辞职的人，却没有说服他自己。他苦思冥想了几个星期以后，终于想明白了：年轻员工是把自己的一生托付给了企业，所以企业的首要目的就是要保障员工及其家庭的幸福。我必须带头为员工谋幸福，这是我的使命！

想想我自己餐饮从业 20 多年来的经历，从底层员工做起，虽然没有遇见过老板克扣工资的情况，却听到很多同行的抱怨，不按时开工资，吃得不好，住得不好等。新闻上也报道过不少餐饮企业对员工不好，员工反复罢工，企业最终倒闭的案例。

对员工好，就是让企业形成良性循环。我自己开店的时候，即使员工很少，逢年过节，也要送上礼物，对员工关怀，才能让员工有归属感，有幸福感；员工离职——不管是何种理由，也要专门请吃饭，再见还是朋友。

我曾经去一家餐饮企业做调研，这家店可以提供早餐，有食材，但是没人做。员工早上饿着肚子上班，甚至有员工因为出去吃早餐而导致上班迟到。这样的工作态度，服务能好吗？

员工这样的精神状态，势必会反映在工作当中，顾客能明显看出，就不愿意再来这样的餐厅，这就是得不偿失。

这家餐饮企业早餐的问题实际上是管理问题，没有进行分工，没有细化工作的具体执行。事实上，这也是餐厅生意不好的原因之一。

当然，也有的餐厅经营者对员工不好，但是餐厅生意特别好，只能说这是凭运气赚钱。

03　原则三：企业受益

所谓的企业受益，就是企业在满足顾客需求的基础上获得利润或者获得社会声誉。

虽然说获取利润不是餐厅经营的唯一目的，但是获取利润对餐厅经营至关重要，是餐厅经营的直接目的，只有保持一定的盈利能力，才能为下一阶段的发展提供资金。餐厅的运营不仅需要租金、人力成本、运营成本等各专项支出，还需要一定的资金来引入新的技术、开发新的菜品——这背后都离不开利润的支撑。

企业声誉是企业行为取得社会认可，从而取得资源、机会和支持，进而完成价值创造的能力的总和。一个有着良好声誉的企业，更容易吸引到人才，能够增加顾客对产品和服务的信心，能够建立更高的客户忠诚度，有利于企业保持利润，并且能够构筑市场进入壁垒，抵御竞争者进入，巩固企业的竞争地位。

企业想要受益，想要获取利润、获取声誉，最重要的就是要做到产品和服务满足顾客需求。作为一家餐厅，所有的经营活动都应该围绕顾客需求来展开。如果经营没有满足顾客的需求，那么所得必然有限。

餐厅营销也是一样，如有的餐厅在做赠品营销的时候，所赠礼品根本不是顾客想要的，顾客怎么会参与呢？

还有的餐厅，在做会员卡的时候没有考虑顾客的需求，没有考虑顾客的消费能力，设置的档次不合理，所以愿意购卡的人很少，导致企业的收益有限。

总而言之，企业受益的前提是满足顾客需求，满足员工需求。我们不能用圣人的标准衡量企业，但是企业应该有自己的做事原则。

企业受益，也是企业赖以生存的唯一标准。

04　原则四：社会受益

前面说到了顾客受益、员工受益、企业受益，顾客、员工和企业都受益了，社会自然就会受益。

顾客和员工受益，于企业来说，就是在积累品牌资产。企业回馈社会，与"取之于民，用之于民"是一样的道理。

2020年特殊时期，也有一些餐饮企业不顾自身安危，为医院免费做饭，全力以赴做好后勤，值得赞赏，这也是企业在为社会作贡献。

让社会受益或者想为社会作贡献，其实有很多方式，比如，帮助所在的街区做卫生，给环卫工人提供休息区，对外开放卫生间等。

企业践行社会责任、回馈社会，对于企业和社会来说，是双赢。对于社会来说，获得了企业提供的资源，能让社会更美好；对于企业来说，回馈社会也是很好的宣传，不仅能扩大企业的影响力，员工的心灵也会得到洗礼，精神面貌必然提升。

疫情期间，我们开通了免费的线上课程，就是为了帮助更多的人，帮助那些在特殊时期迷茫的餐饮人，这也是践行社会责任。

看完本节，建议餐厅经营者思考一下，餐厅应该如何去具象化，如何去落地这四个受益。

本节小结

本节阐述了餐饮营销的四大原则，这四大原则同时也是餐厅的经营法则。

顾客受益，员工受益，企业受益，最后是社会自然会受益，这是经营的基本逻辑，也是餐厅生存之法则。

餐厅营销四大原则：

001 顾客受益

002 员工受益

003 企业受益

004 社会受益

思考作业：餐厅应该如何实现四方受益？

001：_____。

002：_____。

003：_____。

实战篇

做好餐厅营销,引爆客流

第三章　掌握八大引爆点，轻松做到区域旺铺

营销必须在餐厅的每一个触点上下功夫，什么是触点？就是触达顾客的点。所有触达顾客的点，都可以通过设计来激活，并不断优化。这个触点，就可以理解为引爆点。

第一节　引爆点之选址营销：快速找到好位置

01　为什么要重视选址

有一句话说得好——开一家店，第一是选址，第二是选址，第三还是选址。

我们经常看到这样的现象，同一条街对面的生意总是很好；同一个商圈总是有一面生意特别火；一条特别热闹的小吃街，也会有几家店无人问津。为什么呢？这就是选址的问题。毫不夸张地说，选址在一定程度上决定了一家店的生死。

餐厅开在什么位置是由顾客层次决定的，不是靠拍脑门决定的。如果餐厅目标受众是普通工薪阶层，位置选在高级写字楼以及高档小区，

店开起来也会失败；如果目标受众是高收入人群，选在普通工薪家庭聚集地，也是有问题的。

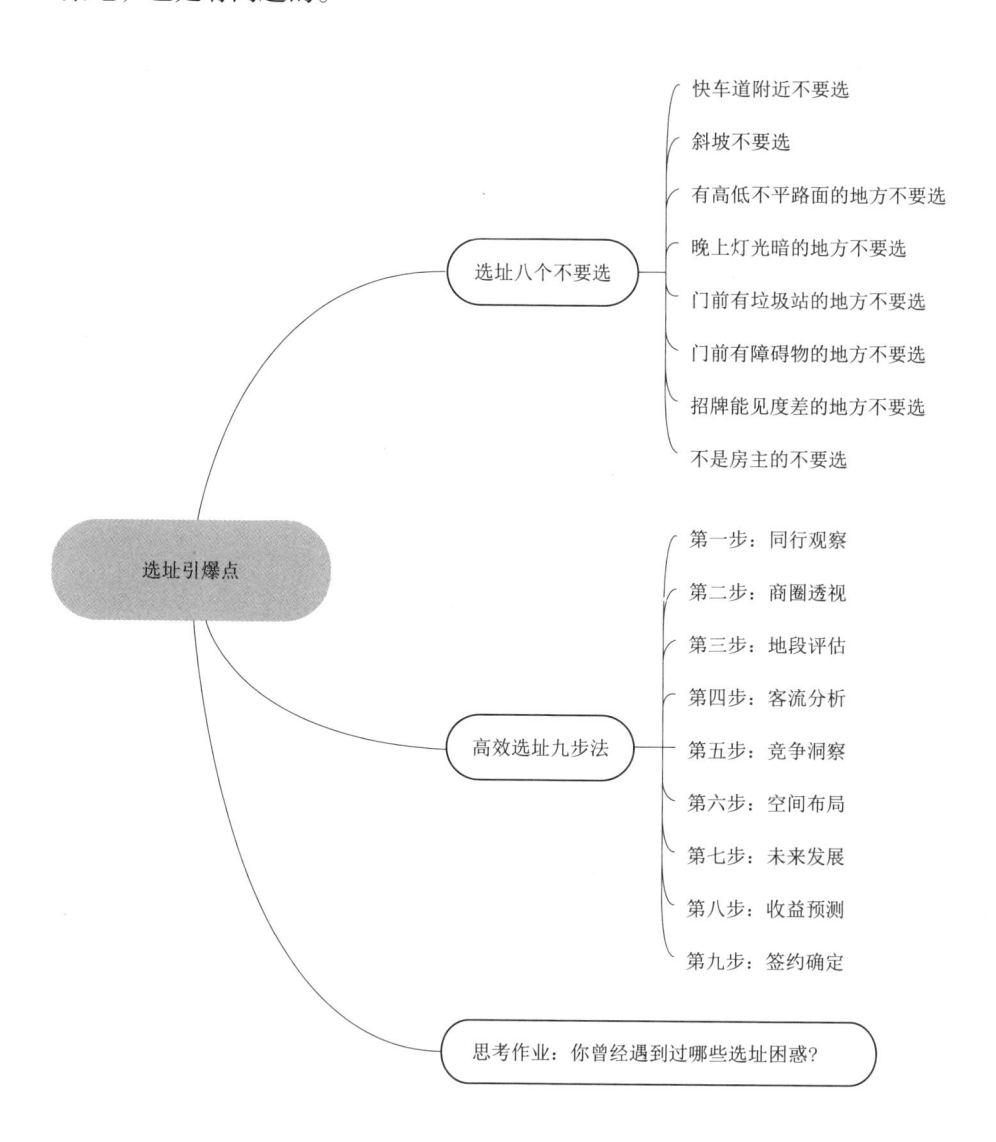

```
选址引爆点
├── 选址八个不要选
│   ├── 快车道附近不要选
│   ├── 斜坡不要选
│   ├── 有高低不平路面的地方不要选
│   ├── 晚上灯光暗的地方不要选
│   ├── 门前有垃圾站的地方不要选
│   ├── 门前有障碍物的地方不要选
│   ├── 招牌能见度差的地方不要选
│   └── 不是房主的不要选
├── 高效选址九步法
│   ├── 第一步：同行观察
│   ├── 第二步：商圈透视
│   ├── 第三步：地段评估
│   ├── 第四步：客流分析
│   ├── 第五步：竞争洞察
│   ├── 第六步：空间布局
│   ├── 第七步：未来发展
│   ├── 第八步：收益预测
│   └── 第九步：签约确定
└── 思考作业：你曾经遇到过哪些选址困惑？
```

在选址时，经营者不能一厢情愿地按照主观意志选择，而是要根据目标受众去调研，规划选址。生意好不好不是由经营者决定的，而是由顾客决定的，位置决定了顾客的数量。不做调研、不重视位置，只按照自己的想象去开店，生意肯定好不了。

需要注意的是，不要相信未来会如何赚钱，现在有钱赚才是最实际的。

02 选址的误区

选址是个技术活，餐饮企业门店的选址决定了店铺的发展，经营者要重视选址，根据目标客户精准把关门店的选址，根据目标受众，重塑社交场景，深度融入他们的工作、生活中。

1. 选址应避开的"坑"

根据个人创业和做餐厅营销指导遇到的情况，我总结了三项餐厅选址的"坑"。

第一，利用自己或朋友家的房子开店，请慎重，因为开店不是开矿，有资源反而容易忽视经营，甚至滥用资源。

第二，着急创业或者着急开店，毫不犹豫与加盟品牌签约，不考虑位置而匆忙开业。创业的事情，急不得。"事勿忙，忙出错"，说的就是这个道理。

第三，没有太多资金，利用街边简易房或违章建筑开店。一旦选用这种房子，每天都在提心吊胆，万一哪天拆了，还会有心理创伤。

2. 位置"八不选"

（1）快车道附近不要选。快车道上的车速很快，而且不能停车；顾客过马路存在一定危险，马路对面的顾客进店概率也很小。

（2）斜坡不要选。斜坡的门店面临最主要的问题是顾客停车不方便。

（3）有高低不平路面的地方不要选。一般而言，顾客不愿意走高低不平的路。

（4）晚上灯光暗的地方不要选。灯光暗，一方面能见度低；另一方面顾客会考虑安全问题。

（5）门前有垃圾站的地方不要选。垃圾站附近夏天会有蚊子、苍蝇，还有异味，影响生意。

（6）门前有障碍物的地方不要选。门前有障碍物，如变压器等地面设施，会阻碍顾客的视线和出入。还有一些城市，停车位紧靠商家门口，这样的店铺如果不是商场店，不要轻易选择。

（7）招牌能见度差的地方不要选。一家店最吸引人的就是招牌，如果招牌会被遮挡或者季节性遮挡，这样的地方要慎选。

（8）不是房主的不要选或者说慎选。房子经过几次倒手，租金自然就会溢价，并且会增加日常沟通成本。

03 高效选址九步法

餐饮企业要对选址有整体的、全新的智能规划，包括同行观察、商圈透视、地段评估、客流分析、未来规划等。经营者要知道在哪里开店能够实现利润最大化。

第一步：同行观察

什么是同行？就是经营相同品类的店。做餐饮，先去观察同一品类生意好的餐厅是如何选址的，即这些餐厅选在什么位置，要把这些餐厅所在的商圈、地段找出来，把这些餐厅对应的消费人群、商圈人口数量等相关数据挖掘出来，做成数据模型，作为经营者选址的参考。

需要注意的是，同品类的店，可以是在所属城市，也可以是在与开店所属城市相似的其他城市，经营大体一致的同品类店都可以作为数据采集的样本店。

第二步：商圈透视

经营者要打通行业的各种数据，了解设置在不同商圈的门店经营状况、消费者特性等。整个城市的大数据包括商圈的消费潜力、人口、居民收入、房价、位置、交通等信息，这些信息可以辅助经营者进行个性化的门店选址。

选址要看商圈。在同一个城市里面有多少个商圈，经营者可以在城市的地图当中标注出来，把各个商圈的关键数据列出来，然后进行测评，以确定最适合自己的商圈。

确定商圈以后，还要分析这个商圈的顾客消费行为。经营者要思考在这里开餐厅，靠什么吸引顾客？一般来讲，成熟的商圈会自带流量，租金也往往比较高；新商圈发展空间大，有一些优惠政策，但是要付出一些时间成本，具体选什么样的商圈是需要综合考量的。

具体来说，分析商圈应注意以下几个问题。

首先，要看目标商圈有没有消费潜力。

其次，要确定与餐厅定位的顾客群是否匹配。

最后，分析这个区域是否与餐厅品类定位相匹配。

经营者选址时，一定要反复思考以上三个问题。

要想找到理想位置，需要重点考虑餐厅所在位置500米直径范围的情况，因为餐厅的生意主要来自500米之内。500米直径范围内的人群这就是主要的目标人群。

如果餐厅随处可见，人们出去吃饭通常选择的是走两三分钟的路程，正常情况下，人们是不愿意走超过5分钟的路程去吃一顿饭的。

第三步：地段评估

确定了商圈以后，就要在这个商圈选择位置——找地段。地段是促成顾客消费的最关键要素。人的注意力是稀缺资源，而黄金地段是最能吸引人们的注意力的。

什么样的地段是黄金地段？即"金角银边草肚皮"。

"金角"指的是特别惹人注意的街角处，因为街角汇聚着四面八方的客流，曝光度高。在这些地方，顾客停留的时间往往比较长。如果门店在街角处，意味着两侧都会有门头，就多了一个展示面，能增加一倍的关注度。

"银边"是指街道两端处于客流进入的端口,也是刚进入商业街的客流有兴趣、有时间、高密度停留的地方。因为距离"金角"不算远,所以银边的作用就是借力,顾客虽有惰性,但也在接受的距离内。

"草肚皮"就是街道的中间部分。选择"草肚皮"开店要慎重,因在中间地段,客流比较分散,顾客的进店兴趣也会下降,甚至可能没有消费的欲望。

另外,选址的地段还要考虑道路是不是单行线,单行线也会影响客流。

第四步:客流分析

不要以为有了商圈、有了地段,就可以开店了。这种想法是错误的,必须保持清醒的头脑。有了商圈和地段以后,要观察该商圈和地段的客流量、客流方向,至少要观察一周。

分析顾客行走路径时,一定要注意,不要偏离大多数人行走的路线。通常来说,人行走的时候都有固定路线,一般不会偏离既定路线。顾客怎么走,为什么这么走,都会对餐厅生意有很大的影响。比如,客流只能靠一边走,不可能到马路对面去。有时候,人群的目标导向明确,要去超市,可能会径直去超市,而会忽略这家餐厅。

在选址时,可以买一个计数器,统计客流。人流量的统计一般采用全日统计法和时段统计法两种方式。

如果准备经营快餐店或咖啡厅,可以采用全日统计法。如果准备经营正餐餐厅,最好采用时段统计法。采用时段统计法要重点统计人流量最高的时段,即在中午时段11:00~14:00及晚餐时段17:00~21:00。当然,如果餐厅供应下午茶,再增加14:00~17:00这个时段。

对于投资比较大的餐厅,最好统计周一至周日(7天)及重要时段(4个时段:第一时段7:00~9:00,第二时段11:00~13:00,第三时段17:00~19:00,第四时段21:00~23:00)的人流量。特别提醒,要连续测7天,不要中断。要实现餐厅盈利,平均每小时客流量2 700~

3 000 人。

客流的方向应注意什么呢？观察马路哪一边的人比较多。中国人走路习惯是靠右通行，要通过观察客流的行走方向，确定开店的最佳位置。

统计客流量是为了预估营业额。经营者可以根据捕捉对比餐厅的客流比率来估算顾客数量，用顾客数量乘以顾客的平均消费额，可以估算餐厅营业额。如果在新的居民区经营餐厅，最好晚上去考察一下，这也是统计客流的方式。通常来说，晚上开多少灯就能知道大概有多少人住。

第五步：竞争洞察

很多经营者都会纠结，附近有同行，这样的地段可不可以选？我会给出这样的建议，如果说同行附近有合适的位置，可以选。如果说你餐厅的产品、服务都没有问题的话，开在竞争对手的旁边，会稀释他的流量。

如果同行是一个品牌店，对经营者来说，品牌店是一个很好的背书，比如，肯德基、麦当劳，基本上在一些城市是相邻的；星巴克、必胜客也经常开在同一地段。

另外，也要观察竞争对手店的流量，对其营业额进行评估。营业额的计算可以通过记录人流量来实现。

这里有一个公式：

营业额评估结果 = 人流量 ×[（最高价产品 + 最低价产品）÷2]

也可以看大众点评这家店的人均消费额（客单价），营业额评估结果 = 人均消费额 × 人流量。

最好计算一周的真实人流量，再通过预估营业额，计算出这家店一年的营业额。

我在做餐厅选址的时候，曾经在用餐时间在一家店的门前连续蹲点7天，记录人流量。虽然艰辛，但是收获是巨大的——找到了确定性的答案，降低了创业的风险。

第六步：空间布局

选定可以在某个商圈、某个地段开店铺之后，需要进一步要确定店面空间，从内外部来布局餐厅。

先看内部空间，要考虑这家店的位置是否达到开店标准，店内空间如何实现最大化利用？与内部空间有关的，像采光、通风、水电是否能够达到标准，也是必须要思考的。

如果经营者要开烧烤店、火锅店这样的品类，还要考虑排烟管道——店铺层高是否允许铺设排烟管道、怎样铺设不影响环境？

再看外部空间，门头的宽度是否达到标准，门头牌匾的效果是否符合预期……事无巨细，只有考虑得越多，才能把危险降到最低。

第七步：未来发展

初步确定店铺位置后，要思考店铺的未来发展空间，根据客单价和人流量做营业额评估。

千万不要认为，"我的产品很好，不论在哪里开店，生意都会很好"。要有先调研，再研究的精神，从分析数据中找出未来的发展趋势。准确地预测餐厅未来发展趋势，不仅有助于提高开店效率，而且会成为与供应商谈判重要的筹码。

未来发展前景对餐厅选址有着至关重要的意义。要对未来做预测，要对未来一段时间内的餐厅营业额进行评估和判断，有利于未来发展的选址才是正确的选址。

第八步：收益预测

在完成了前面七步操作之后，接下来，可以对这个位置进行重新评估，确保把创业的风险降到最低。

经历了前七步之后，经营者获得了大量数据，那么，接着需要考虑什么呢？收入与成本。创业过程中充满了不确定性，投资一个新项目，要提前预知的是风险，这就要用到一个词：盈亏平衡点。

盈亏平衡点，就是利润刚好为零的点。对于餐厅经营者来说，寻找盈亏平衡点，就是找到成本和支出平衡时要达到的人流量。需要指出的是，这里的利润为零，指的是总利润为零。

看下面的公式：

利润 = 营业额 − 成本。

这就得出两个公式：

营业额 = 客单价 × 客流量；

成本 = 变动成本 + 固定成本。

客单价：主要由产品和目标顾客决定的，前面讲述了如何找到客单价参考值的方法。

客流量：通过7天的人流量测定和参考对手的相关数据可以预估。

很多经营者容易混淆变动成本与固定成本。

固定成本：可以理解为该餐厅一次性的投入成本，例如，租金、人工成本。变动成本：随着每天的运营，都必须投入的成本，例如，采购原料、水电气、营销成本等，这些会随着营业额增加而浮动，但也有边际效应。

于是，可以得出一个盈亏平衡点的计算公式：

利润 =（客单价 × 客流量）−（固定成本 + 变动成本）。

通过计算，得出预计利润以后，再做决策。

衡量一个位置的好坏，有且只有一个标准：看这个地方是否一直在增值。换句话说，这个位置对餐厅业绩增长有无帮助。

麦当劳总结出一个经验：门店开业后，如果现在赚钱，未来会更赚钱；如果现在不赚钱，那么，这家店也没有未来可言。

开一家店，重点关注的是什么？就是营业额。开业以后，每天关注的是成本与收入。如果入不敷出，那就是经营不善。

第九步：签约确定

选好店铺地址，下一步就要签约。对于签约者而言，不要太盲目，签约要三思。如果是接手转让的餐厅，还要看该店跟顾客以及邻居的关系如何，以及充分了解供应商的款项是否处理完毕，确认无纠纷之后，才能正式接手。

当然，还要跟店铺拥有者确认店面情况，比如，这个位置将来会建地铁或者大商场吗？如果现在选这个地方，因为地铁短时间不会开通，商场开业也是不确定因素，没有足够的人流，即使开业也很可能亏本。经营者的时间同样宝贵，那就要慎重签约了。

再比如，要问清楚是否有动迁的可能，确定好承租年限，不能太短，短了成本回收是问题；另外也得注意，租好以后第一时间是换锁，避免发生其他纠纷。

04　选址后要立刻开展营销

有一些经营者，在签约以后，就开始装修，路过的人只听到里面叮叮咣咣地响，但不知道是干什么的？如果只有经营者知道这是正在装修的店铺，这将是资源的浪费。

怎样做才能有效利用资源？看看一些品牌店是如何做的就知道了。

一些品牌店，尤其是商场店，装修前都会用品牌专用的宣传素材做成围挡，以广告牌的形式呈现。

再看一些街边店，在城管的要求下，仅仅有个围挡而已，光秃秃的围挡是资源的浪费。

具体来说，应该如何去做呢？

第一，先做门头，以增加曝光。只要不违反相关规定，店面外立面一定要最大化利用。

第二，做围挡，要体现出"我"是谁，"我"要做什么。

第三，不要浪费与种子用户互动的机会，抓住机会做营销。

第四，采购装修材料时，不要忘记宣传。

下面这张图值得参考：

通过这样的方式来收集信息。当然，这里还缺少一点，就是礼物思维。经营者是在征求意见，就是向别人要"礼物"，没有同等给别人"礼物"——这是不平衡的。

有句老话：来而不往非礼也。说的就是这个道理，通过设计利益驱动，参与的人一定会更多。

接下来，先看两个选址的案例。

案例一：公园对面的一家火锅店

一家火锅店开在公园附近，2020年的某天，因为公园改造，把一侧的路堵死，这家店成了一家死胡同火锅店。

这是一家老店，生意一直都很好。新冠肺炎疫情对店的经营产生了不小的影响，突然又遇到这样的问题，真是难上加难。

中国有句老话叫：有备无患。

那么，如何做到有备无患呢？

这家店的做法就是运营社群，通过社群与顾客建立连接，让老顾客再次光顾，并通过老顾客参与裂变，吸引新顾客。当然，这并不是解决问题的唯一方式，社群运营也不能临时抱佛脚，路都堵上了再做社群，效果不会太好。凡事预则立，不预则废，这家店通过相关信息，预判公园的整改时间，提前做好准备。

换句话说，提前知道问题，就想法避开；无法避开的问题，就去寻找解决方案，餐厅选址也是一样的道理。有些事情可能是五年，十年一遇的，比如，修路，这是无法预料的，只能在知道信息后，寻找相关的解决方案；有些事情可能是一年一遇的，比如，有的地方每年都在雨季被淹，无法营业，这需要在选址时考虑清楚的。

当然，不建议经营者选一个差的位置，因为差的位置，即使通过社群来激活引流，效果也不一定明显。

案例二：步行街里面的中餐店

一家中餐厅，开在了步行街，开业以后发现，没有人来吃饭，餐厅做了不少营销活动，还是没人进店。

经营者百思不得其解。在我看来，这是出现了决策失误，先看一下这家店的问题：第一，从服务角度看，步行街没有停车位，不少就餐者不愿意来；第二，从顾客角度看，以逛街为主的人群，不会把大量的时间用于吃饭，这家店的定位与消费人群不匹配。如果项目和位置不匹配，带来的后果就是产品和顾客不匹配。

作为经营者，千万不要有这种想法——在这里开店，去一公里以外寻找顾客。这是不符合餐饮行业的经营特点的。

开一家店，要先去吸引500米内的顾客，然后去考虑500米外的顾客。如果把开店比作开车，选址就是方向盘，方向错了，是会适得其反的。

不符合条件的位置，不要选。想让别人选你，先让别人看到你。开一家店，从选址开始，考虑的首要因素就是顾客，比如，开这家店能不能给顾客带来方便。

本节小结

本节分享了选址的"八不选"以及选址的"九步法"。同时，在选址时务必注意，要计算预估营业额，再确定是否签约。

（1）选址"八不选"：

快车道附近不要选；

斜坡不要选；

有高低不平路面的地方不要选；

晚上灯光暗的地方不要选；

门前有垃圾站的地方不要选；

门前有障碍物的地方不要选；

招牌能见度差的地方不要选；

不是房主的不要选。

（2）选址的"九步法"：

第一步，同行观察；

第二步，商圈透视；

第三步，地段评估；

第四步，客流分析；

第五步，竞争洞察；

第六步，空间布局；

第七步，未来发展；

第八步，收益预测；

第九步，签约确定。

思考作业：你曾经遇到过哪些选址困惑？

001：_____。

002：_____。

003：_____。

实战工具：高效选址流程表

步　骤	内　容	结果记录
第一步	同行观察	
第二步	商圈透视	
第三步	地段评估	
第四步	客流分析	
第五步	竞争洞察	
第六步	空间布局	
第七步	未来发展	
第八步	收益预测	
第九步	签约确定	
备注：		

第二节　引爆点之门头营销：让门头吸引顾客主动进店

如果对门头不够重视，做营销吸引的客流找不到门店，事倍功半，既增加了成本，也会在无形当中降低了顾客体验。

门头，通俗来讲，就是招牌。何谓招牌？就是放在门头上招揽顾客的牌子。

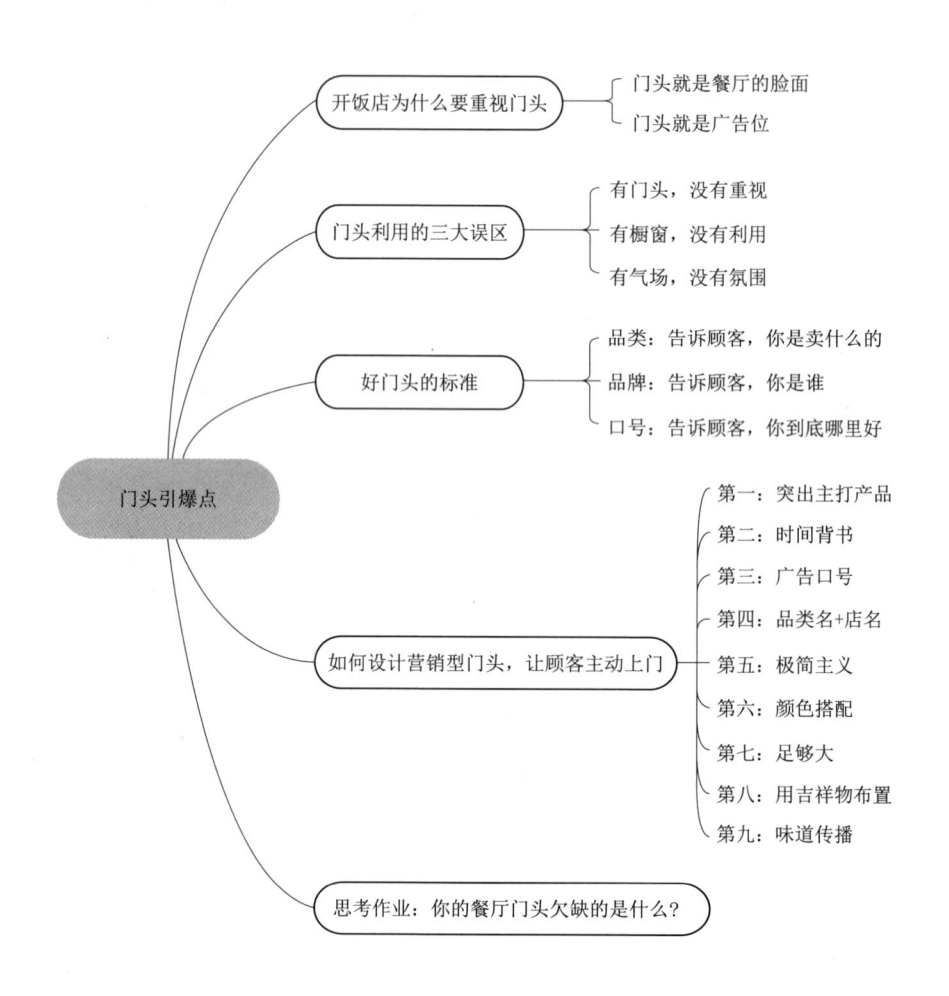

门头引爆点
- 开饭店为什么要重视门头
  - 门头就是餐厅的脸面
  - 门头就是广告位
- 门头利用的三大误区
  - 有门头，没有重视
  - 有橱窗，没有利用
  - 有气场，没有氛围
- 好门头的标准
  - 品类：告诉顾客，你是卖什么的
  - 品牌：告诉顾客，你是谁
  - 口号：告诉顾客，你到底哪里好
- 如何设计营销型门头，让顾客主动上门
  - 第一：突出主打产品
  - 第二：时间背书
  - 第三：广告口号
  - 第四：品类名+店名
  - 第五：极简主义
  - 第六：颜色搭配
  - 第七：足够大
  - 第八：用吉祥物布置
  - 第九：味道传播
- 思考作业：你的餐厅门头欠缺的是什么？

不能招揽顾客的门头，不是好门头。

01　为什么要重视门头

餐饮企业的门头非常重要——餐饮企业的门头，是顾客最关注的重点，一个好的门头，能够吸引更多的顾客注意力。

门头是餐厅给顾客的第一印象，门头就是餐厅的脸面，是品牌的展示；门头就是广告位，就是流量入口。门头能体现企业愿景，能体现企业的价值观，暗含品牌能量。

唐朝诗人王维有一首诗——《画》，其中有两句："远看山有色，近听水无声"，点出了门头战略的两个维度，这两个维度就是"远"和"近"，用"远"和"近"来检验门头，非常有针对性。

那么，如何检验呢？

先说"远"。距离20~50米能够把门头上的大字看得清清楚楚，门头表达清晰——你是谁？你是做什么的？你做得怎么样？

再说"近"。走近一看，顾客就有进店用餐的欲望。好的门头，就是要消除顾客的疑问和顾虑，让顾客能毫不犹豫地进店用餐。

1955年，雷·克拉克在美国伊利诺伊州德斯普兰斯市的麦当劳连锁店外面挂了一块牌子，牌子上面写的是，麦当劳连锁店已经卖出了100多万个汉堡包。牌子挂出去以后，门店的销量突然增加了，因此，雷·克拉克决定，在所有麦当劳店外都挂一块儿这样的牌子。一年过去，麦当劳卖出的汉堡包超过了500万个，8年之后卖出的汉堡包达到了10亿个。

黄大妈木桶饭的门头改造过程也值得参考。

第一幅图是之前的门头，第二幅图是现在的门头。

黄大妈木桶饭在全国有20多家门店，门头调整以后每家店营业额提升2 000元左右，这仅仅是店内营业额的收益。

原门头

新门头

还有一家餐厅，以前叫巧手婆手擀面，现在叫禧福牛红烧牛肉面。经过重新清晰定位和调整策略，营业额翻了三倍。

第一幅图是以前的门头，第二幅图是现在的门头。

原门头

新门头

门头就是餐厅的脸面，要起到吸引顾客主动进店用餐的作用。街面上的餐厅，就是要竭尽所能用门头来争取顾客，让路过的人即使不进店消费，也要多看一眼。

02　门头利用的三大误区

门头设计得好，在一定程度上能让顾客主动进店。作为餐饮行业经营者，一定要思考，看看自己的餐厅门头有没有以下三个误区。

1. 有门头，没有重视

顾客来餐厅吃饭，第一件事就是看餐厅的门头，门头是餐厅的第一流量入口。一个好的门头有两个标准，一是让顾客明白吃什么，如果顾客看门头都不知道吃什么，怎么会主动进店呢？二是要给顾客一个购买的理由，这样顾客才会主动进店。比如，国美电器在很早以前就用了一句广告语，给了顾客一个购买的理由："买家电，到国美"。

一般情况下，门头要采用品牌名＋品类名的方式命名。当然，经营者也可以针对自己的餐厅进行价值包装，把提炼出的购买理由用图案加文字的形式呈现出来。

2. 有橱窗，没有利用

橱窗相当于餐厅的另一个门头。面向街面的餐厅橱窗非常重要，也是吸引顾客的点，这个点分为两方面。

一方面，用顾客吸引顾客。如果橱窗位置有座位，一定要做到能让橱窗外面的人看见用餐的人。我经常跟很多餐饮店的老板强调，要把最早来就餐的顾客安排在靠窗的位置，以吸引更多的客流。之所以这样做，是给路过的顾客一个暗示。暗示什么呢？暗示这家店正在营业。

另一方面，用抢眼的橱窗广告吸引顾客。只要政策允许，可以在橱窗上呈现主打产品，以吸引顾客进店。

3. 有气场，没有氛围

人有人的气场，店也要有店的气场，一家店就是一个能量场。餐厅要营造出一个热闹的氛围，顾客才会被吸引进店。

一般而言，干净明亮的用餐环境是顾客的首选，昏暗的环境经常会给人以冷清的感觉，很少有顾客喜欢光线昏暗的餐厅。

除了环境氛围，还要有迎客氛围。可以在餐厅门口安排引导员与顾客进行互动，吸引顾客进店。

另外，餐厅也可以引导顾客去排队，不仅让餐厅里面的顾客觉得有秩序，还要让外面的人看到餐厅的排队氛围。

一家餐厅能吸引顾客的东西是有限的，要想办法吸引更多的顾客，如做好产品的同时做好营销。顾客进店之后就直接"锁定"，并且能让顾客反复进店，才是一家餐厅经营的方向。

03　好的门头标准是什么

一个好的门头的标配就是品类+品牌+口号。

品类：告诉顾客，你是卖什么的？

品牌：告诉顾客，你是谁？

口号：告诉顾客，你到底哪里好？哪里与别人不一样？

走在街上，你会发现，很多餐厅的门头，要么没有点明品类，顾客不知道这家餐厅是卖什么的；要么门头表述的品类是模糊的，顾客看不明白。

门头设计一定要新颖，风格要独特，最好能突出logo，同时要符合餐厅的使命、愿景、价值观，也要匹配目标客户群。

04　营销型门头的九大原则

哈佛商学院曾公布过一个研究数据：人脑是通过五种感官来接受外

部信息的，五种感官的比例是：味觉占1%，触觉占1.5%，嗅觉占3.5%，听觉占11%，视觉占83%。也就是说，在能看到的情况下，视觉能够接受最多的外部信息。这也是现在短视频平台火爆的原因之一。

门头体现的就是餐厅的定位，或者说餐厅在某一领域的专业性。比如，有的餐厅定位是木桶饭，酸菜鱼做得也不差，又加了个酸菜鱼，这两样放在一起，让顾客不知道吃什么。

顾客的精力和对行业的了解是有限的，如果餐厅的定位不能让顾客快速做出选择，那么，顾客可能就不会进入这家餐厅。

以我为例，我购买衣服基本都去一个地方——海澜之家。为什么呢？因为海澜之家定位清晰，无论是门头，还是广告语都很清晰地表明了海澜之家是一家卖什么品类衣服的店。

门头做得好，能让顾客毫不犹豫地进店，毫不犹豫地下单。再加上好的产品，即使没有别的营销，同样会引发顾客复购。

一个好的营销型门头，必须具备九大原则。

第一，突出主打产品

当然，突出主打产品的方法有很多，经营者可以在牌匾上突出主打产品，也可以把主打产品的海报贴在门上，或者是做易拉宝来展示主打产品。

第二，时间背书

这个时间怎么理解？其实，指的就是餐厅开店时间。我有一个合作客户，已经开店15年了，这15年的时间就可以作为这家店的背书，醒目地标在门头上。毕竟能经营15年，说明这家店的产品是有品质的，把15年的时间背书展示在门头上，让顾客知道，这是一家有实力、有品质，值得信赖的餐厅。

第三，广告口号

什么是口号呢？也就是餐厅的标语，或者说广告语。让顾客知道这家餐厅的特色是什么？顾客为什么要来这家餐厅？

广告语是一劳永逸的宣传策略，能直达顾客的心里。

制作广告语应坚持"三个标准"，即使不能都坚持，也至少要切中两条。

员工用不用？

顾客爱不爱？

对手恨不恨？

我除了爱好营销之外，还特别喜欢创作广告文案，也给很多合作客户创作了广告文案或者标语。

下面是我创作的一些广告语，经营者可以感受一下：

我为一个瓷砖品牌创作的地方销售广告语："有钱得会花，买地板找专家，××××地板，地板中的专家"。通过广告语，对该品牌的瓷砖进行了专家型的定位。

我为一家餐厅——大叔烤肉创作的广告语："大叔喊你回家吃烤肉啦"！三年多了，这家餐厅一直在用，这句广告语很亲切，同时也传播了餐厅的文化属性。

我为草原上的一家酒店创作的广告语："走进草原第一站，××××大酒店"。这家酒店主要的客户群体是游客，酒店把广告语、广告形象做成展示牌，布置在当地的所有景区，让游客第一时间搜索到酒店地址。

比如，黄大妈木桶饭的广告语："天天都吃木桶饭，每次只来黄大妈"。

再如，大壮乡广西民族菜的广告语："吃广西民族菜，就到大壮乡"。

一个好的广告语可以给餐厅带来源源不断的顾客，那么，如何设计一个好的广告语呢？

结合广告语结构模型来设计餐厅的广告语，事半功倍，广告语结构模型：控心+洗脑+行动指令。

一般来讲，广告语要有品类名+品牌名+行动指令或者最大价值提取+行动指令，前后顺序可以调整。

我以王老吉的广告语为例，进行分析。

广告语：怕上火，喝王老吉。

控心：怕。

洗脑：上火。

行动指令：喝王老吉。

第四，品类名+店名

门头就是餐厅的活广告。一家餐厅签订租赁合同以后，第一件事就是先去找广告公司做门头。门头做得越早，曝光率越高，获客能力越强，传播率就越高。

不要与一些老的品牌相比，在餐厅稀缺的时代，即使不注明品类名也能够很好地发展。现在，品牌效应已经深入人心，如果只是一个刚出道的品牌，应该设计店名加品类名的门头，才有机会在市场上占有一席之地。

第五，极简主义

门头设计一定遵循简单实用的原则。

门头上的字体越简单越好，一定让顾客能够准确地念出来，最好是小学生都能够看得懂，没有传播障碍。另外，门头的字体不要超过三种，否则会让人觉得乱，而且不容易让人记住。

门头设计的标志、图案不要太复杂，复杂了容易喧宾夺主。门头设计越简单，路过的人越能看明白，被传播的概率就越大——越是轻松好记的东西，越能降低认知成本；辨识度越高，越容易传播。

第六，颜色搭配

门头的色彩搭配要协调，同时也要遵循简单大方的原则，门头配色不超过三种。logo的设计也是一样，越简单越好用，使用的颜色也不要超过三种。

比如，快餐店常见的基本色是红色，素食店基本色是绿色，西餐店基本色是咖啡色或灰黑色。

第七，足够大

足够大包含两个方面，一是面积最大化，二是文字最大化。

在设计门头的时候，按门头能安装的最大面积来设计。有的餐厅为了省钱，很大的门头面积，只做了一个很小的牌子，字也很小。这让顾客觉得餐厅经营者很小气，同时也造成门头的浪费。

不要为了省钱，而做一个小门头。一个门头能使用很多年，因为门头而失去顾客，得不偿失。

有的餐厅接手的是二手店，没有重新设计制作门头，只是简单地把原来的门头处理一下，把自己的新店名贴上去，甚至原来餐厅的店名还隐约可见。这只会让顾客望而却步。

门头是影响餐饮生意好坏的重要因素。好的门头设计，能够增加顾客首次的进店率，也能达到宣传的目的。

第八，用吉祥物布置

吉祥物的布置，也是一种宣传手段。看到吉祥物，顾客就知道餐厅卖的是什么。

比如，全聚德烤鸭店的门前会有一个可爱的鸭子吉祥物，北京簋街的很多龙虾馆，门口都放一个龙虾的形象。

吉祥物布置并不单单是为了表达餐厅的品类，还能引流。在永和豆浆加盟店门口都会放一个玻璃钢做的稻草人雕塑，很多孩子喜欢与之合影，这个吉祥物就非常成功，有引流的作用。

其实，吉祥物能起到很多作用：第一，表明餐饮的品类；第二，能传达出品牌的亲切感，给顾客留下好的印象；第三，能吸引客流，实现品牌的二次传播。

第九，味道传播

味道传播有两个方面：一是让顾客闻得到味道；二是让顾客看得到味道。

如果餐厅经营的是烧烤、火锅、麻辣烫等味道浓郁的餐饮品类，要让味道传出来。比如，火锅店可以提前在窗口附近的桌子上放一个锅，进行味道传播，让味道传出去；烧烤店有条件的话，可以把档口放在门口。

记得有一次，我去洛阳做现场营销方案，在逛街的时候看见一家锅贴店，这家店在当地也是连锁品牌店。锅贴的味道表达做得就非常好——门口设置档口，现场做锅贴，顾客一边闻着味道，一边排队。队伍排得很长，还有更多的人被味道和排队吸引过来。

下面说说看得到味道——从门头上来说，门头设计可以有表达餐饮味道的元素。比如，表达辣味火锅的红底色或一串红辣椒；表达木桶饭的一个木桶＋白米饭……顾客一看到门头上这些表达味道的元素或颜色就会禁不住流下口水，进店就成了必然。

很多街边的档口，生意不好，其实与没有把味道传播出去有很大关系。

05 从门头开始的进店流程

以上是设计门头的九大元素，现在再从心理学角度把进店流程梳理一下，看看门头所起的作用：发现门头→引发兴趣→激活欲望→建立信任→决定进店。

第一步，发现门头

经营者要想办法提升顾客发现门头的概率，要运用好九大原则——好的门头是具备"五觉"的。门头的发现率会受到门头大小、门头位置、门头可视化程度、门头造型等因素的影响。

第二步，引发兴趣

顾客看到门头就被吸引住，好比你看到一篇文章的标题，看到这个标题就想读这篇文章。同样，好的门头，也有标题思维。顾客容易被什么吸引？店内传出来的味道、门口的产品图片都令人垂涎欲滴……

第三步，激活欲望

顾客看到、闻到、感觉到之后，能不能进店，就需要临门一脚的刺激。有的店，在门外准备了小吃，吸引顾客留步或等待；有的店，在门口有举止优雅的服务员主动打招呼；有的店，把营销活动用字幕或海报在店门口展现。总之，都是为了刺激顾客进店。

第四步，建立信任

如何建立信任呢？比如，门头的信任背书：15年历史、产品销量、网红打卡地等。有人在排队，有人在等位，这都是很好的背书触动。

第五步，决定进店

有了前面四个步骤，顾客基本就决定进店了。平时，经营者可以仔细观察和询问顾客，在什么元素触动下进的店，多积累，根据顾客意见对餐厅进行优化。

门头设计有技巧，好的门头就是让顾客自动进店。好的门头与好的营销一样能锦上添花。门头越能体现餐厅的定位，定位的顾客就越精准。

本节小结

这一节我们分享了门头利用的"三大误区"以及如何打造一个好的门头；根据门头实际情况设计一句口口相传的广告语，根据顾客的进店流程来升级门头。门头就是餐厅24小时的活广告，经营者必须重视起来。

本节主要内容：

有门头没有重视门头利用的三大误区：

好的门头标准：一个好的门头的标配就是品类+品牌+口号。

品类：告诉顾客，你是卖什么的？

品牌：告诉顾客，你是谁？

口号：告诉顾客，你到底哪里好？你哪里与别人不一样？

好的门头九大原则：

第一，突出主打产品；

第二，时间背书；

第三，广告口号；

第四，品类名＋店名；

第五，极简主义；

第六，颜色搭配；

第七，足够大；

第八，用吉祥物布置；

第九，味道传播。

思考作业：你的餐厅门头欠缺的是什么？

001：_____。

002：_____。

003：_____。

实战工具：餐厅门头检测升级表

门头元素	计分 （每项10分，60分及格）	需要改进的地方
突出主打产品		
时间背书		
广告口号		
店名 + 品类名		
极简主义		
颜色搭配		
门头足够大		
用吉祥物布置		
味道传播		

第三节　引爆点之菜单营销：高转化率的菜单设计思维

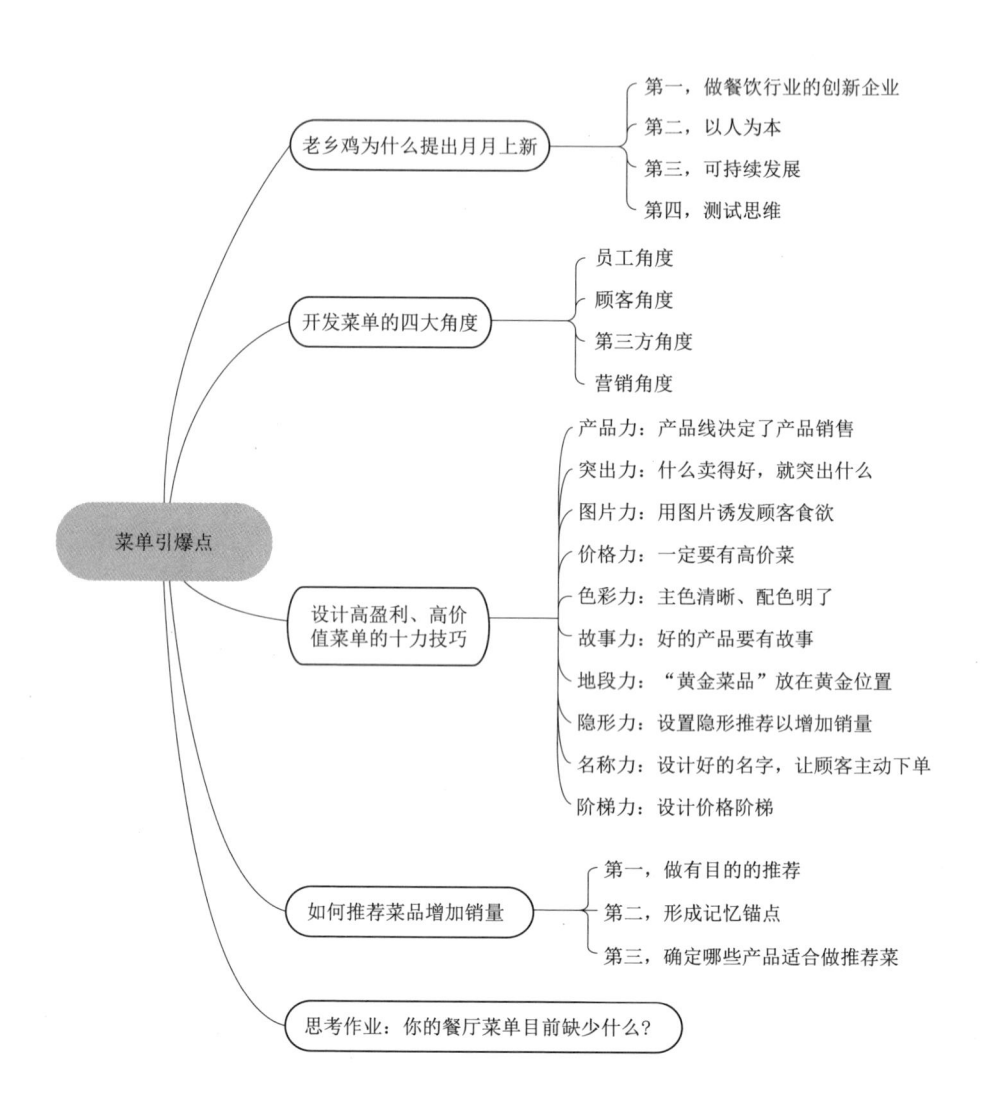

菜单引爆点
- 老乡鸡为什么提出月月上新
  - 第一，做餐饮行业的创新企业
  - 第二，以人为本
  - 第三，可持续发展
  - 第四，测试思维
- 开发菜单的四大角度
  - 员工角度
  - 顾客角度
  - 第三方角度
  - 营销角度
- 设计高盈利、高价值菜单的十力技巧
  - 产品力：产品线决定了产品销售
  - 突出力：什么卖得好，就突出什么
  - 图片力：用图片诱发顾客食欲
  - 价格力：一定要有高价菜
  - 色彩力：主色清晰、配色明了
  - 故事力：好的产品要有故事
  - 地段力："黄金菜品"放在黄金位置
  - 隐形力：设置隐形推荐以增加销量
  - 名称力：设计好的名字，让顾客主动下单
  - 阶梯力：设计价格阶梯
- 如何推荐菜品增加销量
  - 第一，做有目的的推荐
  - 第二，形成记忆锚点
  - 第三，确定哪些产品适合做推荐菜
- 思考作业：你的餐厅菜单目前缺少什么？

菜单是什么？菜单就是一家餐厅的无声推销员。说得夸张一点，菜单就是产品线，决定了一家餐厅的命运。当顾客走进一家餐厅，能不能选到满意的菜品？能不能对餐厅留下好的印象？除了环境、服务，菜单也是重要的一环。

有的餐厅不会设计菜单，把菜单做成了"大全集"。我亲眼见过一家餐厅不停地扩充菜单，最后把快餐店变成了"美食城"，在菜单上不断做加法，直至倒闭。有的餐厅菜单上的菜品虽然不多，但个个是精品，留住了顾客，有了好的口碑。

有的餐厅虽然有菜单，但是顾客理解不了，需要服务员不停地解释，既费时，又费力。有的餐厅的菜单设计得简洁大方，顾客一看就明白菜品的特点。

有的餐厅的菜单让顾客一看就没有食欲，看过菜单后迅速离店。而有的餐厅的菜单，让顾客不断地回头，成为一块留客的吸铁石。

有人说，"我的餐厅采用微信点餐"。桌子上有二维码，扫码点餐就不用菜单了吗？其实，实体菜单应该是餐厅的标配。扫码点餐，有的顾客适应，有的顾客不适应，有没有餐厅流失过不喜欢扫码点餐的顾客？相信肯定是有的。

对餐厅经营者来说，可以改变，但是不要试图改变顾客习惯，如果餐厅经营者的想法跟顾客习惯相悖，迟早会被顾客所放弃。

好的菜单不仅能告诉顾客菜品的特征，同时也能为顾客带来美好的体验。好的菜单，就是让顾客完成自动点菜，并能吸引顾客下次再来。

01 菜单要做到常新

你会发现很多餐厅几年菜单都不换一次，经营者还振振有词，换菜单浪费钱。

针对菜单，快餐巨头老乡鸡提出了"月月上新"的理念。当然，经营者会问，我们小餐厅，没有形成连锁店，更不是品牌，可以借鉴"月月上新"吗？当然可以，不管是多大规模的餐厅，老乡鸡在菜单上的思考维度，都值得参考。那么，到底应该怎么做呢？

第一，做餐饮行业的创新企业

菜单的迭代，从微观上说，是满足顾客的需求，每次都有新鲜感；从客观上说，让企业和员工都有创新意识，时刻不松懈，把产品创新放在第一位。

我有一次去俏江南创始人张兰老师家里，张兰老师回忆俏江南经营的时候说，俏江南这么多年靠的是创新和引领。

创新和引领，是餐饮企业发展的一个主旋律。创新可以是在现有的基础上创新，也可以是打破固有的思维去创新。作为餐饮企业，要么追随，要么引领。如果引领，要时刻具有创新意识，只有时刻创新，才能成为引领者。

第二，以人为本

菜单是为顾客服务的，必须能满足顾客的需求，这是以人为本的一个方面。

从创新的角度来说，菜单设计也体现了以人为本。餐厅的经营者具有的创新思维、服务意识也是以人文本的体现。

以人为本，就是结合自己的目标顾客进行产品的创新，进行服务的创新，进行环境的创新……这些都是以人为本的体现。

第三，可持续发展

我经常与一些合作的餐厅经营者聊天，常聊到一个关键的问题，就是经营者开店的目的是什么？

很多人经营者会说，开店是为了挣钱。没错，开店就是为了挣钱，但是怎样才能挣钱，挣钱背后的逻辑是什么呢？挣钱背后的逻辑是解决了目标顾客的一个问题或者说一个痛点。经营者要思考你的餐厅解决了顾客的什么问题，有没有解决顾客的痛点？

在其他地方收费才能解决的问题，如果你能够免费帮顾客解决，那顾客还会拒绝你的服务吗？比如，麦当劳、肯德基都有儿童乐园，链家可以免费打印资料，它们都解决了顾客的痛点，自然也能吸引顾客进店消费。

第四，测试思维

一般而言，快餐店都有两种菜谱：一种是季度时令菜谱，一种是固定的主菜谱。

季度推陈出新的菜谱，是创新菜进入固定菜谱前的一个测试。

遇到好的菜品，比如，卖得好的，换句话说是得到顾客认可的、排名靠前的菜品，可以放在主菜谱上成为固定的菜品。如果不经过任何测试，直接把菜品放在固定菜谱上，那么，制作菜谱就没有用户思维，也会带来资源的浪费。

02 不同用户眼里的价格偏差

有一位父亲，在他 90 岁生日时对儿子说：这是你祖父送给我的手表，已将近 200 年了。在我传给你之前，你可以先去第三条街的手表店，问问制表师傅，这只表值多少钱。

儿子去了第三条街的手表店，回来之后，很不屑地告诉父亲说：制表师傅说这表太老旧了，只值 5 美元，当纪念表。

父亲说：你再去第六条街的咖啡店问问。儿子问了之后，回来笑着说：咖啡店愿意花 20 美元买下它，当摆饰品。

父亲又说：你可以去佳德古董商行问问。儿子跑回来，喘着气并惊讶地说，爸爸，古董商愿意用 12 万美元买下这只表！他愿意亲自找您谈谈，任何时候都可以！

父亲又说：你再去博物馆找馆长问问。这次儿子问了之后回来，结结巴巴地对父亲说：博物馆愿意以 180 万美元买下这只表，只要您肯卖，他可以再谈！

这个故事告诉我们，不同的人，对产品的价值判断是有偏差的，有好的产品，还要遇到对的人。

设计菜单，也是如此，设计菜单就是设计产品包装组合，或者说一张菜单，就是一个货架，如何摆放产品，是有规则的。

03　开发菜单的四大角度

好的营销是设计出来的，好的菜单是开发出来的。作为餐厅经营者，要时刻具备升级思维。如何开发菜单呢？要把握好四个角度。

1. 员工角度

创新菜品，员工起着举足轻重的作用，因为员工是离顾客最近的人。餐厅创新菜品主要有两方式：一是对老菜升级，二是开发新品。

在老菜升级方面，要让前厅的员工记录顾客的反馈，把这些反馈及时提交给厨师，根据顾客意见对老菜品进行改进和升级。

新品研发基本上是以厨师为主导的，在研发菜品时，要把点餐系统的排名拿过来，根据点餐排名来确定开发新品。

2. 顾客角度

前面已经讲了员工角度，为什么还要提出一个顾客的角度呢？因为餐厅经营者要重视顾客的反馈意见。如果有顾客的微信，可以通过微信群和朋友圈对顾客进行调研，比如，发朋友圈问一下顾客，在餐厅想吃什么菜？如果很多顾客都认同某店里的一种菜品，让厨师结合自家餐厅，迭代成新的菜品。

为了更好地回馈顾客，可以把参与调研的所有顾客请到店里免费品尝这道菜。让顾客找到参与感，这款菜品甚至可以以顾客的名字来命名，让菜品从开始就具备营销属性。

3. 第三方角度

什么是第三方的角度呢？如果餐厅定位是快餐，有很多为快餐配送的供应链厂家，甚至有一些半成品配送厂家。这里想说的是，在食品领域，虽然要慎重使用工业化的产品，但要学习工业化的思路。可以不用供应链或半成品厂家配送，但是可以去研究他们哪一个产品卖得比较好。学习好的产品，再结合自己的研发创新，就可以了。

去研究竞争对手或者榜样，去同品类的餐厅学习，看看它们排名靠前的产品是什么，有没有可能把它学习过来再进行创新。

其实，有些创新不过是旧元素新组合——这就是创新的一个逻辑。

4. 营销角度

开发菜品，也要有营销思维，比如，在餐厅的门头挂一个条幅：百万现金全城寻找顾客喜欢的菜品。可以设置不同的奖项，厨师或者其他餐厅的经理会给你提供一些建议，然后进行菜品提案收集。还可以请当地的厨师协会或者是烹饪协会进行评选，最终排出第一名、第二名、第三名。通过这样的方式，既解决了产品开发问题，又获得了知名度。任何时候，作为餐厅经营者都要思考——每天在传播上付出了多少，有没有重视餐厅营销，在菜品的开发上同样如此。

04 设计高盈利、高价值菜单的十力技巧

菜单就是顾客点餐的工具，是餐厅菜品展示的第一道关口，非常重要。但是很多餐厅经营者不重视菜单，甚至不少餐厅的菜单都不是自己设计出来的，而是随便找一家广告公司做出来的。

菜单就是餐厅的"作战地图"，是餐厅经营的展示，要通过菜单设计来提升业绩。设计好菜单，必须具备十力。

1. 产品力：产品线决定了产品销售

作为一家餐厅，产品线越长，成本越高，同时顾客点餐的成本也会越高。顾客点餐的时间成本直接影响到翻台率，因此，餐厅必须要严格控制产品线。比如，西贝很讲究对产品线的控制，一般大店是66道菜，

小店是 33 道菜。

一家餐厅的菜单不是随机的菜肴列表，而是餐厅的战略性布局。菜单不仅能方便顾客点菜，也能够展现餐厅的特色。最重要的是，好的菜单能提升餐厅的业绩。

餐厅要设置销售互补型的产品。什么是销售互补型产品呢？也就是说，在顾客点餐之后，可以补一"刀"的产品。顾客点了这样的产品，能够提升客单价，增加餐厅的业绩。比如，餐厅的自制的果汁，或者其他的酒水等，可以在顾客点餐后进行加推。

2. 突出力：什么卖得好，就突出什么

菜单要突出餐厅的重点菜，重点菜可以是主推菜，也可以是餐厅的特色菜。重点菜要占据菜单更多的版面。如何突出设计重点菜的版面呢？第一，图片要大，就是我们常说的大气，上档次；第二，位置要好，顾客能第一时间看到；第三，色度要饱满，让顾客一看就有食欲。

在拍摄重点菜品照片时要与摄影师沟通，要设计出即时的画面感，比如，可以用筷子把菜夹起来，或者在后期设计图片时，增加一些火焰或者烟雾之类的元素，进行渲染，这样能增加菜品的点击率。

除了突出设计，菜单的重点菜品还要配一些文字，比如，菜品的故事、制作工艺、营养价值等。

3. 图片力：用图片诱发顾客食欲

凡是好的菜单，只做重点配图，而不是逢菜必配图。一般来说，在设计菜单的时候，70%的菜品可以不放图，把30%重点菜品的图片做好即可。

菜品的照片要生动形象，颜色要足够逼真，以刺激人的感官。菜单上的图片不要太多，照片放多了，反而适得其反，降低顾客对图片的感知。

菜单图片的张力要展现出来，让顾客在看到图片的一刹那，舌尖儿开始品味到食材的味道。麦当劳花几十万元拍一张菜品图片是有原

因的。

4. 价格力：一定要有高价菜

一家餐厅一定要有一道或者几道高价菜，当经营者设定了高价菜，不仅能提高餐厅的格调和档次，还能设定一个价格的锚点，顾客在翻看后面菜单的时候，会感觉前面的菜品非常便宜，用高价菜凸显其他菜品的实惠。

5. 色彩力：主色清晰、配色明了

餐厅要重视菜单的颜色搭配，菜单的主打色系，最好是选择红色或者黄色。很多主流的连锁餐厅，主打颜色都是"西红柿炒鸡蛋"的颜色，因为红色能够刺激食欲；黄色能令人振奋，让人感受到温暖与舒适，能够吸引顾客的注意力。

设计菜单时颜色不要过多，颜色过多，容易分散顾客的注意力。

6. 故事力：好的产品要有故事

一道好的菜品要伴随着一个好的故事，用故事把菜品传播出去。餐厅的特色菜、主打菜，可以与故事进行关联，可以是创始人的故事，可以是菜品的传说，可以是经营者开发菜品的故事，也可以是菜品原料的故事。

如果实在没有故事，经营者在设计菜品当中的一些数据也可以使用，用数字来呈现菜品的研发，增加辨识度和记忆度。

精美的菜单加上好的故事性文案，让顾客看到之后有点餐的冲动。

如何设计故事文案呢？

首先，故事文案要让顾客联想到菜的口味和口感。

通俗来讲，就是通过文案来介绍顾客想到、看到、闻到、感受到菜品是什么样的，吃下去有什么样的感觉。每道菜品的食材不一样，特色不一样，经营者可以选取最突出的角度进行介绍，塑造出独一无二的体验感。调动的感官越丰富，顾客获得的认知越全面。

菜品在顾客心中的认知越具体，留下记忆越深刻，六觉菜品设计就

是这个道理。

其次，描述制作流程或体验流程。

菜品制作流程是什么？你能细化到几步使菜品制作通俗易懂？只有顾客明白菜品的制作流程，才会更安心，留住顾客就不是问题了，甚至顾客想跟你学习。

当顾客带着学习的心态，来你的餐厅吃饭，你还缺流量吗？无论是制作流程，还是体验流程，都会体现餐厅的专业化程度，为品牌加分。

最后，描述出菜品的稀缺性。

比如，去市场买海鲜，这种海鲜在市场是独家供应，而且是限量的，就可以借助这个"独家"对外宣传。或者用饥饿营销，餐厅的某一款产品，每天只卖10份，这也是一种稀缺性宣传。产品越稀缺，产品的价值就更大。

除了菜品，米也是一样。比如，大米可能是特制的或者是指定的农场生产的，这家农场每年只产出少量的精品米……这都是一种稀缺性，都可以用来对外宣传。

7. 地段力："黄金菜品"放在黄金位置

一家餐厅选址的时候是有黄金地段和非黄金地段之分的；菜单也是一样，菜单也有位置之分，菜单上的黄金地段就是左上角，可以把主打菜或者高利润的菜放在左上角。

为了让顾客重点关注"黄金菜品"，可以在菜品周围留白。通过这样的方式，给顾客更多的思考空间，促使顾客快速作出选择。

8. 隐形力：设置隐形推荐以增加销量

餐厅提供的服务是可视化的，尤其是菜品更能提供可视服务。可以从菜单入手，为顾客设计默认的选项，可以是产品，可以是菜品规格或者组合，也可以是辅料、加料，用可视化的手段增加顾客的选择，不仅不会让顾客产生反感，反而会让顾客产生觉得有选择的余地。

当然，也可以在菜品旁边加一些关键词，比如，在菜品的旁边加上招牌菜、老板推荐菜、店长推荐菜、人气菜品等，那么，这道菜被点的概率就会提高。

无论是规格，还是产品的组合，默认选项还是要为顾客考虑的。换句话说，餐厅经营者为菜品设计的备选规格也好，产品组合也好，能让顾客感受得到产品的价值，这才是最重要的。

9. 名称力：设计好的名字，让顾客主动下单

好的菜品名字，能让菜品更值钱。菜肴的命名，是餐厅营销中的一个重要环节，特别是在创新菜的制作中更为重要。菜品名字如果起得好，起得有意思，不仅能加深顾客对菜品的记忆，还能加深顾客对餐厅的认知力。

同样是一道有关鱼的菜品。如何命名呢？

比如：

针对年轻情侣，可以叫鸳鸯鱼；

针对家庭聚会，可以叫团圆鱼；

针对学生考学，可以叫状元鱼；

针对老人过生日，可以叫长寿鱼；

针对逢年过节，可以叫年年有鱼。

当然，有些菜品名称前面还可以加上定语，以做渲染，同时再加上不同的表述技巧，比如，不同的菜品设计不同的表述技巧，我把这种技巧称为菜品陈述词。

顾客来餐厅里吃饭要的就是一种体验。换句话说，顾客吃的不是饭，吃的是感觉。顾客购买的不是产品，购买的是拥有产品的感觉。而一个好的菜名能增加顾客的体验感，无形中影响着餐厅产品的销量。

设计菜品名称，可以从以下八个角度入手：

色，以菜品颜色作为出发点；

香，以菜品散发的香型作为出发点；

味，以菜品本身的味道作为出发点；

形，以菜品原料的形状作为出发点；

器，以菜品的装盘形式、盛装器皿作为出发点；

养，以菜品的营养价值作为出发点；

意，以菜品的含义、意境作为出发点；

趣，以菜品的原料或调料的故事作为出发点。

选好出发点后，接着就是在菜品名称前面加上高阶修饰词，比如，秘制、特制、祖传等。

比如，一家店有一道菜叫虫草花猪肚鸡，经了解，这道菜是餐厅自己的创新菜，很有特色，对此，我建议把这道菜的名称修改为：秘制虫草花猪肚鸡。经过一段时间的观察，发现这款菜品销量提升了4倍，餐厅营业额增加了14%。

10. 阶梯力：设计价格阶梯

餐厅经营者可以思考一个问题，假如你的手里面有一根筷子，如何让它瞬间变短呢？最简单的操作方法就是去找一根更长的筷子——筷子的实际长度没有变化，但是对比之下，显得短了。

我们要卖出一份58元的菜品，要在58元的定价基础上设置一个低价格，一个高价格。比如，三款菜品的定价分别是38元、58元、68元。这样58元的菜品被点的概率就会变得非常高。这就是设计阶梯价格，依靠对比获得点中率。

随着餐厅的发展，菜单要逐渐升级，下面是黄大妈木桶饭第一次升级的菜单。

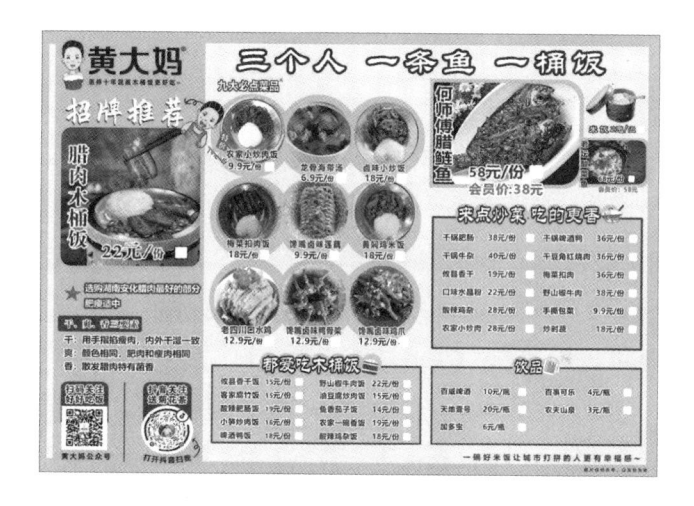

下面是黄大妈木桶饭第二次升级的菜单,增加了故事、广告语,点餐引导也更加清晰明了。

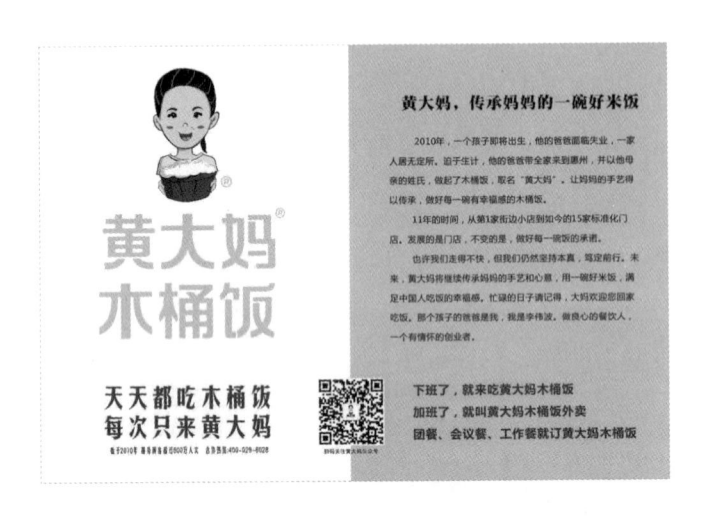

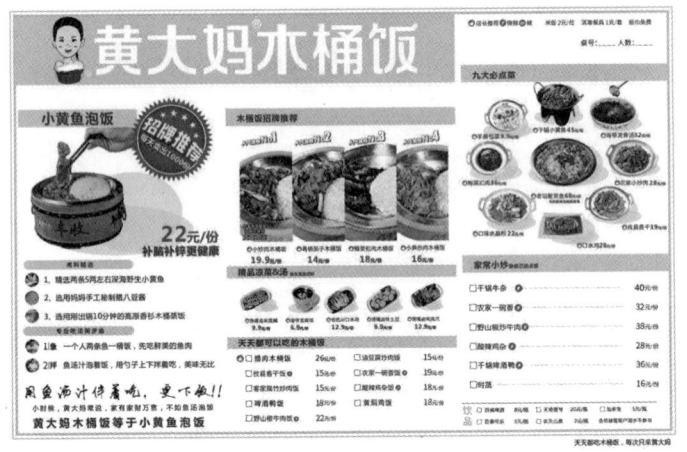

05 如何推荐菜品以增加菜品销量

推荐菜品到底能够解决什么问题?作为餐厅老板或经营者,如何引导服务员推荐菜品呢？以下几点会告诉你答案。

推荐菜品需要注意以下三点。

1. 做有目的的推荐

从顾客角度来说，设置推荐菜最重要的目的，是帮助顾客点菜。推荐菜品能方便顾客快速点餐，从而缩短顾客的思考过程。从服务角度来说，提高了服务员的工作效率。

帮助顾客实现最好的用餐体验，这是设置推荐菜品最重要的目的。

有的餐厅经营者是为了推荐而推荐，把上个月的销售数据拿出来，把销量不好的菜品作为这个月的推荐。作出这样的决策，是因为经营者没有思考——如果从一开始就是错的，数据怎么能是对的呢？

有的餐厅经营者出于消化库存的目的，而给顾客推荐"垃圾"菜品。这道菜不好吃，卖不动，还要强加推荐，不仅起不到好的效果，反而会适得其反。如果是菜品问题，及时下架，不要再推荐给顾客。

还有的餐厅经营者为了拉高毛利，把毛利高的非核心产品设置为推荐菜品，顾客体验过后会觉得菜品性价比不高，这不是帮助顾客实现好的用餐体验，是拒绝顾客成为回头客。

2. 形成记忆锚点

顾客在餐厅用餐后，会记住什么呢？就是菜品。当顾客再次来的时候，推荐同样的菜品，会强化他的记忆，当他想吃这个菜的时候，就会想到这家餐厅。

一个好的菜单，一定要有主次之分，让顾客行形成记忆锚点。主，指的是大菜，或者说硬菜，高价菜；次，就是小菜或者配菜。也就是说，不仅主菜要有招牌推荐菜，配菜也要有招牌的推荐菜。

3. 确定哪些产品适合做推荐菜

经营一家餐厅或者打造一个餐饮品牌时，一定要找适合推荐的菜品。除了适合推荐的招牌菜以外，还需要有配套的产品来辅助售卖。那么，如何确定餐厅究竟适合上哪些菜呢？

适合做推荐的菜品总结起来要具备四个特点：一是体验好的产品——好吃、好玩、有趣的；二是差异化的产品——顾客能够把它同其他竞争性餐厅提供的同类产品有效地区别开来；三是毛利好的产品；四是具备营销功能的产品。

另外，在点餐过程中，尽量不要让顾客进行开放式的思考，而是要让顾客直接做出封闭式的回答，也就是说，餐厅服务员要多提封闭式问题。

什么是封闭式问题呢？简言之，就是只让顾客回答"是"或"不是"的问题，不要给顾客太多的思考时间。

特别需要注意的是，切忌没有按顾客的需求，盲目推荐菜品，这样不仅起不到好的效果，反而会引起顾客的反感，甚至是投诉。

本节小结

本节分享了老乡鸡为什么提出月月上新的底层逻辑，同样的产品在不同的顾客眼里的价格认知，开发菜单的四大角度，以及设计高盈利、高价值菜单十力模型，最后介绍如何推荐菜品以增加菜品销量的方法。

设计高盈利、高价值菜单的十力技巧：

产品力——产品线决定了产品质量；

突出力——什么卖得好，就突出什么；

图片力——图片必须能够诱发顾客食欲；

价格力——一定要有高价菜；

色彩力——主色清晰、配色明了；

故事力——好的产品要有故事；

地段力——"黄金菜品"放在黄金位置；

隐形力——设置隐形推荐以增加销量；

名称力——设计好的名字，让顾客主动下单；

阶梯力——设计价格阶梯。

思考作业：你的餐厅菜单目前缺少什么？

001：_____。

002：_____。

003：_____。

实战工具：菜单升级调整表

序号	问　　题	备　　注
1	升级菜单的目的是什么	
2	顾客经常对菜单提出的问题是什么	
3	当前菜单的优点是什么	
4	列出目前最受欢迎的菜品	
5	列出最想推出的菜品	
6	列出经常收到顾客投诉的菜品	
7	列出新菜单的要求	
8	列出点餐系统中排名前十的菜品	

1. 根据以上问题，进行填空，可以轻松找到目前菜单升级的思考点
2. 设计菜单草图时一定要用与菜单相同尺寸的纸

第四节　引爆点之产品营销：爆品设计，让餐厅一战成名

提到产品营销，就不得不提产品思维，产品思维是一种解决问题的综合思维，是进一步把问题解决方案产品化的过程。餐饮行业的产品思维就是：设计解决顾客需求的餐饮产品。作为餐厅经营者，一定要是一个好的产品经理，不是设计自己喜欢的产品，而是设计顾客喜欢的产品。

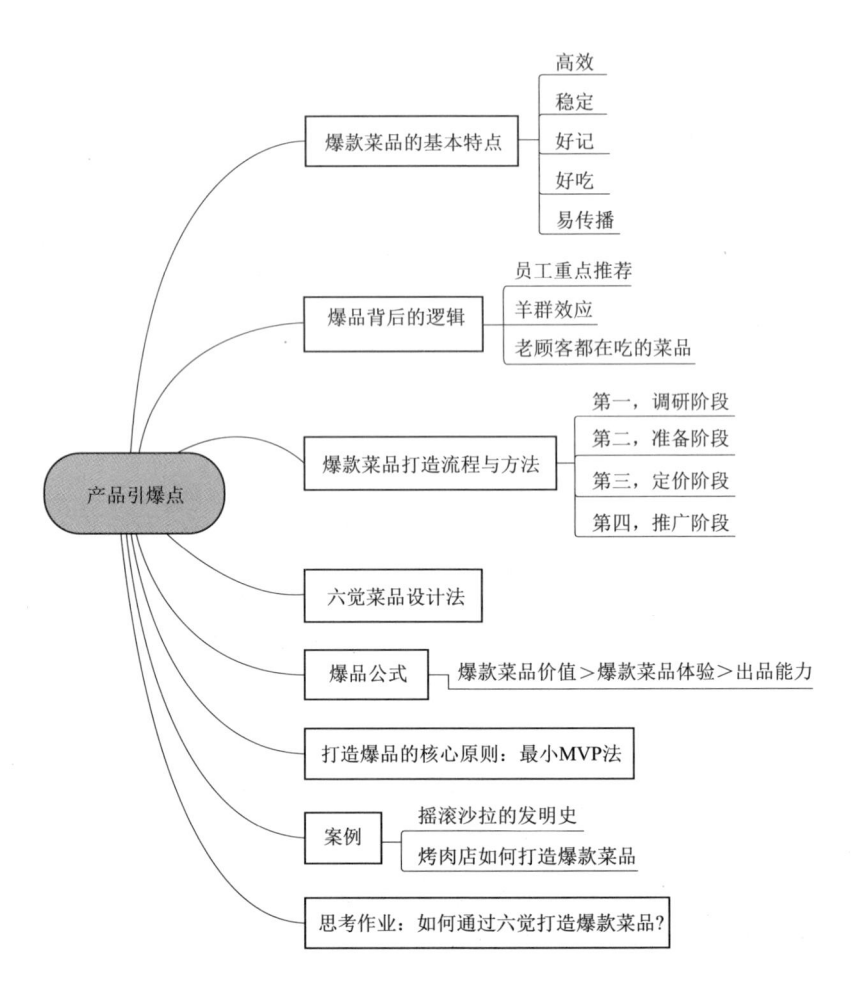

- 产品引爆点
  - 爆款菜品的基本特点
    - 高效
    - 稳定
    - 好记
    - 好吃
    - 易传播
  - 爆品背后的逻辑
    - 员工重点推荐
    - 羊群效应
    - 老顾客都在吃的菜品
  - 爆款菜品打造流程与方法
    - 第一，调研阶段
    - 第二，准备阶段
    - 第三，定价阶段
    - 第四，推广阶段
  - 六觉菜品设计法
  - 爆品公式：爆款菜品价值＞爆款菜品体验＞出品能力
  - 打造爆品的核心原则：最小MVP法
  - 案例
    - 摇滚沙拉的发明史
    - 烤肉店如何打造爆款菜品
  - 思考作业：如何通过六觉打造爆款菜品？

01　爆款菜品的基本特点

众所周知，西贝的牛大骨、巴奴的毛肚，卖得都超级火爆，为什么这样的产品能成为爆品？其实，这里面内含一些产品逻辑。

我们先来看一下，什么是爆款产品？对于餐饮行业来讲，爆款产品就是在经营过程中供不应求的菜品或者饮品，即卖得多、销量大、人气很高的产品。

爆款产品要具备哪些基本特点呢？

1. 高效

怎样才算高效呢？通过打造爆品来降低成本，提高餐厅的竞争力。打造的爆品，一定要提高餐厅的出餐速度，不然做得再好吃，上菜的速度太慢，顾客等待的时间过长，退单率高，甚至会引发客诉，得不偿失。

换言之，同样的产品，卖同样的价格，你比别人更赚钱。

2. 稳定

什么是稳定呢？就是菜品的口味相对固定，不会忽然发生变化。比如，有的餐厅菜肴的品质忽高忽低，同一道菜，这次吃是一个味儿，下次吃又是一个味儿。究其原因，第一，不够标准化，第二，不是同一个厨师做的。

菜肴品质不稳定，就是餐厅菜品没有形成标准化。如果说同一个顾客，同一个菜品再次吃却有不同的口味，他下次还会再来吗？如果是你，你还会去产品品质不稳定餐厅消费吗？

3. 好记

什么是好记呢？就是菜品的名字要好记。当然，菜品的起名有很多种方式。比如，原料命名、地名命名、形象命名、比喻命名。但是无论哪种命名方式，基本的原则就是名字一定要好记。如果有了菜品名字，但顾客还在反复地问这道菜里面都有什么食材，说明这个菜品的名字起失败了。菜品的名字一定要降低沟通成本，降低顾客的选择成本，有区分度且易于识记。

4. 好吃

好吃，这个比较容易理解，但是不容易做到。餐饮行业经营者一定要注意，所谓的好吃是大多数顾客认定的好吃，而不是自己认为的好吃。很多餐厅经营者的自主意识很强，把自己判定的好吃作为菜品的标准，导致一些餐厅的菜品打造出来以后，口碑急剧下降，最后无人问津。

任何一道新品或者升级产品，必须让顾客来检验，也就是说，产品要经过市场的检验。如果你的菜品不经过市场的检验，而让服务员大肆推广，这是给自己挖坑，苦果只能自己吃。

5. 易传播

当产品口味没有问题，形象没有问题，装盘没有问题，此时就需要考虑如何把产品传播出去。可以寻找产品的记忆点，让顾客成为传播的一环。对于餐饮产品来说，可以通过原料、调料、造型去挖掘，打造一句或者是一段让顾客感觉通俗易懂、容易接受且愿意传播的宣传语，形成口碑效应。

还可以把菜品的制作流程梳理出来，归纳好，告诉服务员，让服务员能够轻松地传达给顾客，通过面对面的沟通，让顾客记住菜品的价值，同时把传播成本降到最低。

02 爆品背后的逻辑

我们要一定清楚，一家餐厅80%的营业额来自20%的产品，也就是说，20%的产品就是餐厅的招牌产品、明星产品。如果餐厅没有爆品，就应该通过对销售数据分析，对原有的菜品进行升级改造，找准卖点，打造爆品。

打造爆品，必须先明白爆品背后的逻辑。我们经常看到网红店门口的排队，其实打造爆款菜品与网红店门口排队背后的逻辑是一样的。

1. 员工重点推荐

打造爆品，经过自己的试吃以及试吃团的支持，在口味上没有问题，之后要重点推出，尤其让服务员重点推荐。顾客在来餐厅之前，很多时候是不知道吃什么，这意味着点餐时，服务员推荐的菜品很可能被顾客选中。因此，服务员的推荐，使得爆款菜品有了出现的基础——决定结果的一定是你为这个结果做出的努力。

2. 羊群效应

大多数人都有从众心理的。如前面所说，顾客进入餐厅时，很多时候是不知道吃什么，而邻桌顾客点的品相比较好的菜品可能会成为选择对象，在这种情况下，恰当的引导就很重要。当然，也许引起顾客注意的邻桌菜品正是来自服务员的推荐。因此，用服务员引导顾客消费的羊群效应，使得爆款菜品进一步扩大范围。

3. 老顾客都在吃的菜品

正如前文所讲，爆品的口味相对稳定。有了第一次的试吃，顾客已经认可，下次来了直接下单。这就是爆品的魅力，顾客不用看菜单，就能快速做出点菜决策。

03 打造爆款菜品的流程与方法

爆款菜品就是承担餐饮企业主体销售额的产品，并承担企业主要利润来源的产品。因此，餐饮企业经营者一定要打造爆款菜品。

1. 爆款菜品设计的四个阶段

第一，调研阶段。菜品调研包括前期的调研，流行趋势、口味、价位，同时要调研营销方式。

第二，准备阶段。确定爆款菜品的图片、优化文案、设计关联的菜品和搭配的菜品。

第三，定价阶段。在定价的时候，一定要让爆款菜品在同类的餐厅中有比较高的性价比。价格不一定要低，让顾客觉得有足够高的性价比就行。

第四，推广阶段。前三个阶段，重点要做的是菜品的文案撰写，菜品的图片设计，这一切都是为推广做铺垫的。也就是说，不仅要把爆款菜品设计出来，还要想办法把菜品卖出去，卖得尽可能多。

2. 六觉菜品设计法

先了解一下爆品公式：

爆款菜品价值 > 爆款菜品体验 > 出品能力。

这个爆品公式就是打造爆品的三个基本条件。

第一，爆款菜品价值。从设问开始，基于目标顾客的需求，打造的菜品价值如何？是真的有价值吗？顾客能不能接受这个价格？

如何塑造菜品价值呢？看下面的思维导图。

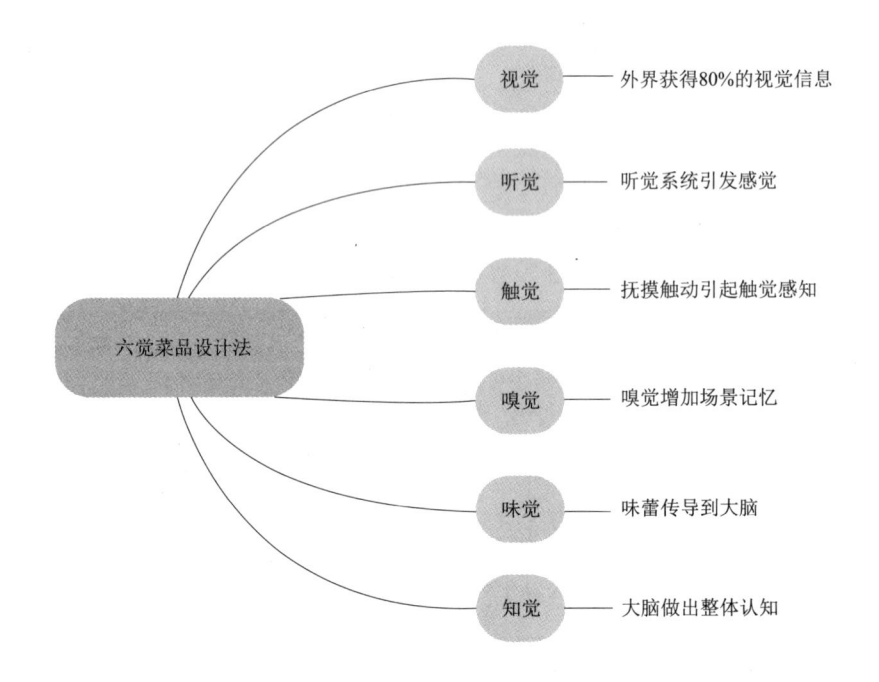

六觉菜品设计法
- 视觉——外界获得80%的视觉信息
- 听觉——听觉系统引发感觉
- 触觉——抚摸触动引起触觉感知
- 嗅觉——嗅觉增加场景记忆
- 味觉——味蕾传导到大脑
- 知觉——大脑做出整体认知

视觉：眼睛看到了什么？

听觉：耳朵听到了什么？

触觉：身体感受到了什么？

嗅觉：鼻子闻到了什么？

味觉：品尝后的感觉是什么？

知觉：心中感受到了什么？

按照以上六个维度，选出任意几点，都可以写出菜品的营销文案。把感受描述出来，去刺激顾客的大脑，激发顾客的下单欲望。

第二，爆款菜品体验。体验的标准是能不能让顾客感受到"啊"的时刻（顾客看到产品，心里默念或发出"啊"的声音）。菜品或饮品摆到顾客面前，顾客主动拍照，只要口味不差，就是好菜品。

第三，餐厅的出品能力如何？厨师是否有能力批量制作爆款菜品？不要因为出品能力不够而直接影响到用户体验。

3. 打造爆品的四个要点

第一，差异点。打造爆款菜品要在差异化需求上寻求突破。餐饮产品同质化严重的情况下，如果一款菜品拥有与众不同之处，有可能会抓住顾客的眼球和味蕾。

第二，利益点。顾客觉得爆品物超所值，才愿意买单。对于餐厅来说，爆品的意义不仅要叫好，还要叫座，更要具有盈利能力。对顾客来说，爆款菜品除了好吃之外，还会考虑是否超值。只有顾客认为爆款菜品价值大于价格，才更愿意买单。

第三，记忆点。产品的差异点和利益点共同形成记忆点。当顾客认为这款菜品很有特色，而且性价比很高时，会形成消费记忆，从而成为回头客。

第四，传播点。让顾客记住这款菜品，才能够主动传播。传播点和记忆点往往是相同的，传播增强记忆，有记忆才有传播，这就是产品的核心竞争力。

以上四点，可以用一个公式来概括：

差异点 × 利益点 = 记忆点 = 传播点。

其实，不管是开餐厅，还是做其他生意，都要提炼出产品的卖点，清晰地告诉顾客，在这里消费能得到什么，店家的优势在哪里。

4. 引爆爆款菜品

关于引爆爆款菜品的方法，在这里只讲一个基础的策略。通过微信群和朋友圈吸引一些核心顾客，然后让顾客评价菜品，再根据顾客评价，反复地进行测试优化。

第一，做好评价管理。顾客的反馈非常重要，每一个顾客的反馈，都应该认真记录，根据记录，做好产品的迭代。

第二，持续完善的迭代。产品卖好了以后，并不是说什么事也没有了。顾客每天都在变，我们也要求变。不一定每天都变，可以考虑每个月变一次，或者是每个星期进行一次升级，在细节上做一个变换，持续迭代。

04 打造爆品的核心原则：最小 MVP

什么是 MVP 呢？MVP 是英文 Minimum Viable Product 的首字母，即最小可行性产品。打造 MVP 的基本逻辑就是，用最低的成本做出可以呈现给顾客的好产品。通过 MVP，实现成本最小化，效果最大化。

如果想打造或升级一款菜品，应该如何去做呢？

第一，查看自家餐厅的线上平台评价（外卖和点评），把好评和差评罗列出来，进行分析。

第二，查看对手餐厅的线上平台评价（外卖和点评），把好评和差评罗列出来，进行分析。

第三，跟顾客一对一沟通，寻找痛点需求，一边倾听，一边做好记录。

第四，找到门店收银后台销售数据，根据销售排名迭代产品。

第五，针对堂食顾客，做好调研表填写。

第六，打造新品，既要弥补差评，又要突出好评。设计好菜品，邀请试吃团试吃，以收集迭代的建议。

每次迭代菜品，重复以上六步。

案例一：摇滚沙拉的发明史

在俏江南餐厅有一道菜，是创始人张兰发明的，这道菜的名字叫"摇滚沙拉"。

有一年冬天，崔健邀请张兰去一个咖啡厅看演出。张兰看着看着，睡着了，醒来的时候，看台上还在继续，她就开始琢磨做饭的事儿。

那个时候，俏江南经常有一些外国人来用餐，他们经常会问："你们这儿有沙拉吗？"

看着台上的表演，张兰灵机一动，我们为什么不做一个"摇滚沙拉"呢？第二天，她开始买餐具，搞研发。

通过研发，把"摇滚沙拉"这道菜做成了一道表演菜，服务员当着顾客的面把蔬菜调料放进瓶子里，拧好盖子，开始摇晃，一边摇，一边对客人说着吉利的话："祝您一摇……二摇……三摇……"

针对不同的消费场景有不一样的说法，让这道"摇滚沙拉"大受好评，甚至很多顾客为了看这个表演而点这个菜。

现在，很多中餐厅都有了这道菜，甚至有的知名快餐店也有这道菜。

案例二：烤肉店如何打造爆款菜品

我认为，餐厅只有两种，一种是营销型餐厅，一种是非营销型餐厅，营销又分为显性营销和隐性营销。

向我咨询的这家餐厅，是一家烤肉店，700平方米左右。大家可以看一下其中的思路。

我们做餐厅经营在任何时候都应该思考三句话：

第一句，你的顾客首先是别人的顾客；

第二句，在没有顾客的时候，你要思考你的顾客来店之前在干什么，离店之后又干了什么；

第三句，所有的事情都是一件事，就是传播。

根据这家餐厅经营者的陈述，餐厅是以烧烤为主，当然是很有档次的那种，经营者的想法是，打造本地烧烤界的品牌。

在一个小时咨询交谈中，主要理清了以下三个问题。

一是如何打造爆品？

二是如何让爆品更好卖？

三是如何办理会员？

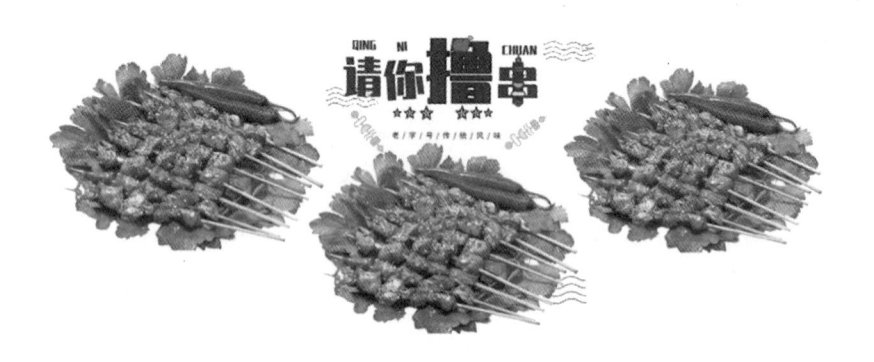

针对第一个问题，先要知道这家店的主打产品是什么。这家店主打产品是串类，有羊肉串，有手把小串。

注：餐厅的炉子是定制的，在桌子上面，顾客可以自己烤肉，也可以加热烤串。

既然是一家烤肉店，那么，一定要选择一款爆品来打造。

在聊天的过程中，经营者说，他的店里有一款烤肉——根据炉子定制的，这款肉做得很标准，顾客反馈也不错，但是卖得不算好，他想把这款菜打造成爆品，但一直没有找到突破口。

对此，我说一下我的思路。当然，你也可以根据你的餐厅加以借鉴。

1. 价格偏差

我问，烤肉的价格如何？他说，只要办理会员，是39元一份，正常价格（非会员）是58元一份。

从这个定价，大家看出来什么问题没有？这款烤肉作为会员权益或者会员资格是没有问题的。

问题来了，这家店虽然有一些顾客办理了会员，但是并不多，为什么呢？因为定价策略出了问题，顾客并没有直观地感觉到便宜？

正常售价58元一份，会员价39元一份，体现得不直观，有点绕。如果会员价改为38元一份（当然，也可以把正常价改为59元一份），让顾客很直接地感觉省了20元。这是第一种解决方案。

第二种解决方案：在设计的海报文案时，正常价58元一份，会员价39元一份。差价不够直观，可以在后面加上几个字：立省19元。这种方案让顾客直接感受能够省多少钱。

看完这个方案，你会发现，营销可以解决一些细节上的偏差。

2. 菜单调整

在售价调整了之后，接下来可以在菜单上做一点调整。如果想让菜品卖好，可以在菜单栏加一句话——"90%的顾客都点了这盘肉"。这句话也是给顾客一个心理暗示。

当然，可能有的读者会说，为什么不写"本店必吃"呢？要知道"本店必吃"这四个字，在大部分餐厅的菜谱里经常出现，顾客再看，还会有感觉吗？

3. 打造爆品

对此，下面我们做一个针对性的设计。

第一，针对盘子，突出不一样的设计。

我问店主，这款菜是如何上餐的呢？他的答案是用圆盘，把肉铺到盘子里面，再直接上桌。

这样的摆盘，顾客感觉不到菜品的分量和品相。既然想突出这款爆品，应该思考这款产品成为爆品角度是什么？是好吃，还是量大？是有仪式感，还是卖相好？可以选择一种角度，也可以综合考量。

这家烤肉店的摆盘就是把肉铺在盘子里面直接端上去，这样的方式顾客是无感的。众所周知，圆盘无论是多大，如果周围没有参照物的话，拍出来的照片是感受不到它的大小的，也就是说，圆盘在传播上没有什么优势。顾客看到之后不会拍照，怎么会主动传播呢？

去过潮汕火锅店的人应该知道，潮汕火锅盛装手打丸子的盘子，虽然只有10个丸子或8个丸子，由于它的盘子呈细长条形状，虽然量小，但是能让人感觉到很大气。

如果选择长条的盘子，这个盘子甚至可以做到80厘米长，把烤肉摆放在盘子里面。想一想，这个场景是什么感觉？

第二，增加仪式感。

如果坚持用圆盘也不是不行，那可以在圆盘上加一个盖子，还可以在盖子上面叠一个绸子，在上餐的时候，这个绸子也好，盖子也好，一定要让顾客亲自把它揭开。当然，还可以提供一个配乐，比如，用《掀起你的盖头来》这首歌的高潮部分作配乐。

第三，写一份祝酒词。

把菜品的吃法，通过设计，形成一个祝酒词，让顾客主动拍摄。经常看抖音或者快手的人会知道，抖音或快手上面会有一些剧情类的段子，而且特别火，这些主播也特别吸引人。

对于餐厅来讲，这个祝酒词就可以作为餐厅的固定剧本，每天都可以使用，真正做到一劳永逸。

第四，专人上菜。

谁来上这道菜，有一个穿着专用服装的人，并且唱着祝酒词，当然，如果配上一些音乐或者快板，效果会更好。

当这个祝酒词唱完之后，会出现什么结果？是不是会有一些客人会主动拍照传播？会不会有其他桌的客人问：我们这桌为什么没有这个仪式？这时，服务员告诉顾客，因为你没点这个菜。会不会有顾客立刻说："我们也来一份。"销售力就是这样形成的。

第五，体验卡增值。

爆品到底怎么卖，在刚开始打市场的时候，可以做一张体验卡，即单个菜品的体验卡。这张体验卡，可以把它打包卖出去。本书后面讲到的引流卡，与此类似，此处不展开。

第六，建立商家联盟。

商家联盟要基于互惠的原则，通过商家联盟让更多人知道你的产品。本书后面关于异业联盟合作有具体的介绍，此处不赘述。

这位老板最后问我，店里要不要招一个专门拍抖音的？我说不需要，如果你招一个专门拍抖音的，招的一定不是一个人，而是一个团队。但是你可以把招人这份钱分给你的员工，分给你的顾客，让他们参与进来，他们能帮你进行无限次的传播。

爆款菜品是每个餐厅必备的，也是未来餐饮发展的核心模式。如果再给爆款菜品下一个简单定义，就是顾客愿意主动拍照的菜品，愿意分享到朋友圈的菜品。

本节小结

本节为餐饮经营者分享了爆款菜品的基本特点，以及打造爆款菜品的流程和方法。讲解烤肉店打造爆款菜品的案例，希望给经营者带来启发。经营者可以根据餐厅的菜品排名，升级菜品或打造新菜品。

思考作业：如何通过六觉打造爆款菜品？

001：_____。

002：_____。

003：_____。

实战工具：爆款菜品设计工具表

要点	主料、配料、调料填写需要备注的，例如，配菜、主料等特点	亮点及特色写明这道菜的亮点特色	打分（1~10分）填写你给出的分数	提升标准
颜色				菜品的配色搭配要漂亮
香型				菜品的香型要突出
口感				口感要好，有回忆
造型				菜品的造型要漂亮
盛器				盛器衬托凸显价值
原料				原材料和调料
营养				菜品营养搭配要合理
总分				

第五节 引爆点之服务营销：极致服务是设计出来的

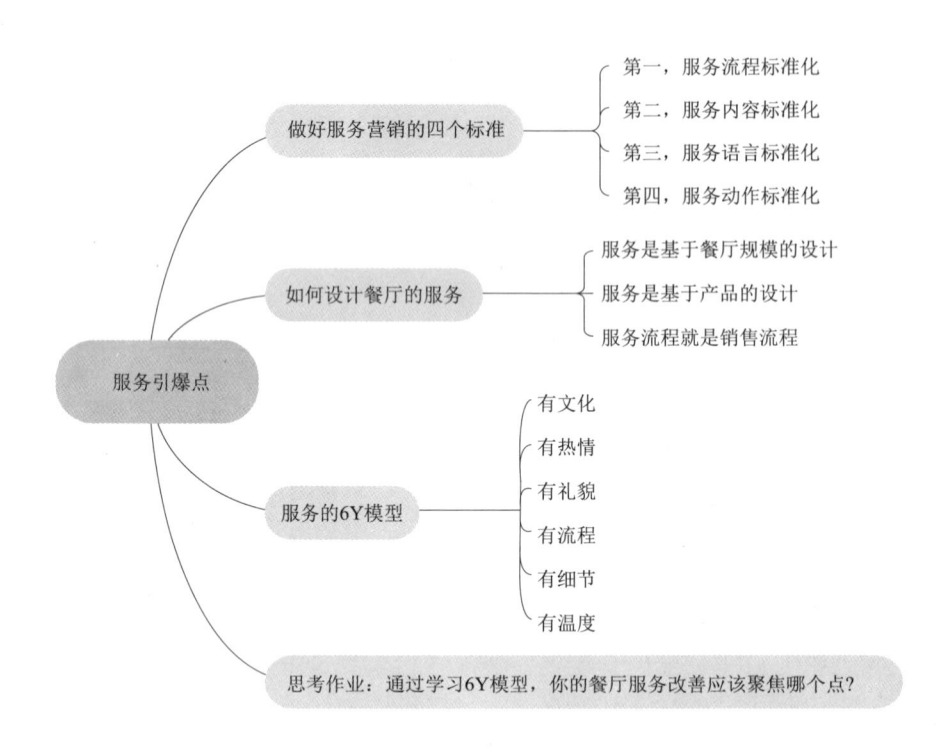

服务引爆点
- 做好服务营销的四个标准
  - 第一，服务流程标准化
  - 第二，服务内容标准化
  - 第三，服务语言标准化
  - 第四，服务动作标准化
- 如何设计餐厅的服务
  - 服务是基于餐厅规模的设计
  - 服务是基于产品的设计
  - 服务流程就是销售流程
- 服务的6Y模型
  - 有文化
  - 有热情
  - 有礼貌
  - 有流程
  - 有细节
  - 有温度

思考作业：通过学习6Y模型，你的餐厅服务改善应该聚焦哪个点？

《极致服务指导手册》里面有一句话：一线员工最重要的顾客是消费者，老板最重要的顾客是员工。换言之，顾客，员工，老板，三者之间都是通过服务连接起来的。

2002年，我在朋友的公司里看到一本书，名叫《完美服务之路》，是新加坡作家殷生写的。我借到这本书，如获至宝，买了个日记本，把整本书一字不落的抄了下来。直到后来转型做管理，每当我给员工开例会的时候，说到关于服务的问题，就会引用书中的一句话：没有难以服务的顾客。

只要笃定地相信这句话，一定会找到顾客服务问题的解决办法。

01 做好服务营销的标准和宗旨

为了更好地理解服务，先来了解峰终定律的内涵。

峰终定律是诺贝尔奖获得者、心理学家丹尼尔·卡尼曼总结出来的，他将心理学与经济学结合起来发现，人对一段体验的评价是由两个因素决定的，一个是过程中的最强体验，一个是结束前的最终体验，而过程中的其他体验，对人们的记忆几乎没有影响。

简单来说就是，人们对一件事的印象，往往只有两个部分：一个是过程中的最强体验，即"峰"；一个是最后的体验，即"终"。过程中"好"与"不好"及其他体验对记忆几乎没有影响。

从峰终定律来看餐饮企业的服务，很多餐饮企业经营者只顾上了"峰"，而忽略了"终"。对"终"设计不好，致使很多顾客流失。

举个例子，宜家家居冰激凌在中国的售价是1元。很多人会有疑问，冰激凌只卖1元钱，不亏本吗？

其实，宜家家居的购物路线也是按照"峰终定律"来设计的。它内部有一些不好的体验，比如，只买一件家具也要走完整个卖场，排队结账的时间略长等。但是，宜家的峰终体验是好的，它的"峰"就是过程中的小惊喜，比如，便宜又好用的产品；"终"是什么呢？就是出口处只卖1元的冰激凌。有的超市也跟宜家一样，有走完卖场、排队结账的不好体验，但是因为没有设计"终"，致使顾客的最终体验记忆停留在排队上，因此，顾客不愿意做"回头客"。

比如，星巴克的"峰"，是店员的友善和咖啡的味道，而"终"则是店员的注视和微笑。尽管服务过程中有排长队、价格贵、长时间等待、找不到座位等这些差的体验，但是顾客下次还会再来。

再如，海底捞，就餐前的等位区，可以品尝各种小吃，餐中会有手机套、甩面表演等各种服务细节，餐后还会赠送小礼品或打包产品。

有的是基于服务流程的设计，有的是基于人员动线的设计，有的是基于产品的设计，这些设计一般都有两点侧重，一是在峰值上，二是在每一个触点上。

在《绝佳体验》这本书中，把服务体验分为五级，思考一下，你的餐厅在哪一级呢？

五级服务体验检测表

体验等级	占比	情形
一级 （不良体验）	30%	服务冷淡，随意而散漫，顾客服务既没有人情味，又令顾客不愉快，也就是员工消极怠工，冷漠，不关心
二级 （一般体验）	30%	员工敷衍了事，满足现状，提供的服务也很平庸、乏味，令人毫无兴致
三级 （良好体验）	25%	员工通常会参与服务中，表现得十分友好且讨人喜欢，大多数顾客也会拥有一个积极的体验，感觉自己受到了欢迎和重视
四级 （极好体验）	12%	一直保持强劲的关联性服务，竭尽全力为每个顾客创造专属服务和相应的服务体验
五级 （绝佳体验）	3%	专注为每个顾客创造一种独特的体验，会让提供服务者远远优于竞争对手

该书中还说，赢利状况取决于拥有"回头客"的数量，考虑到企业发展和成本效益，必须专注于以下三点。

（1）留住现有的顾客；

（2）打造"回头生意"；

（3）以良好的口碑赢得顾客。

1. 服务的四个标准化

在我看来，餐厅服务有两种，一种是标准化服务，一种是个性化服务。在餐厅经营中，这两者不仅都要有，而且相辅相成，缺一不可。

我们经常说产品标准化，但是很少有人说服务标准化，其实服务是完全可以做到标准化与个性化的结合。产品标准化可以大批量制作，降低边际成本；服务标准化能够让一线服务人员有的放矢。对于餐厅来说，服务标准化能让服务员容易上手，而且能突出餐厅的档次。

一个人步入社会，每一项工作都是服务，只是对"服务"的认知不同而已。关于餐厅服务标准化的四个标准。

第一，服务流程标准化。

服务流程标准化是指餐厅整体的服务要有系统的流程，有分工、有合作，体现餐厅的专业化，进而提高服务效率。顾客在接受服务过程中，能得到极大的便利——服务流程的标准化要以顾客的便利为原则。

第二，服务内容标准化。

每一家餐厅的服务内容都不一样，服务标准化是基于产品来设计的，是围绕餐厅的产品、环境来设计的。服务的标准化来自服务人员与顾客接触的每一个点，服务内容的标准化主要体现在服务人员的仪容仪表、语言态度以及工作的行为标准上。

第三，服务语言标准化。

服务语言的标准化涉及方方面面。比如，服务人员的语言标准化，首先就是进店的接待"欢迎光临"用语。当然，可以把它替换一下，用近似的语言说出；顾客离店的时候，可能是"欢迎下次光临"，或者根据餐厅的经营模式和文化属性进行设计。比如，服务过程中的声音控制，是轻声服务，还是说唱，要根据餐厅性质进行设计。

需要注意，在服务的过程中沟通是非常重要的。沟通有一定的技巧，首先要学会倾听。服务人员要倾听顾客的需求、顾客的语言。俗语说，会说的不如会听的，在服务上也是一样的道理。

第四，服务动作标准化。

服务动作标准化是餐饮服务必不可少的，服务人员的动作要严格规范，一方面可以实现服务的高效率；另一方面可以提升餐厅的形象，以顾客所期望的动作标准来为其服务，在顾客心中建立一个良好的服务形象。

也就是说，服务人员在接触顾客的过程中，要有一些基础的动作标准，比如，站有站姿，两手交叉在前或者交叉在后，两脚自行与肩同宽，这也是一个基础的标准；在问候的时候，要鞠躬或点头问候，设置统一的标准。有的餐厅提出微笑服务，露出8颗牙齿，甚至是通过咬筷子来进行练习。我认为，这不重要，重要的是餐厅要有一个统一的标准，餐厅的服务标准是什么？用几句话把它说清楚即可，越复杂的就越不好用，简单才能做到极致。

2. 服务的三大宗旨

除了四个标准化，服务还要遵循三大宗旨。

第一，顾客满意。在服务过程的每一个环节上都要设身处地为顾客着想，做到有利于顾客、方便顾客，让顾客的期望得以实现。

第二，员工愿意参与。真正提供服务的是员工，只有员工愿意参与，才能调动其积极性，发挥服务的最佳效果，进而有利于企业的生存和发展。

第三，企业受益，提升品牌价值。服务标准化的目的是企业受益，提升品牌价值。服务标准化对企业最直接的益处就是优化企业的形象，提高档次，提升品牌价值，从而使企业获得收益。

只有顾客、员工、企业三者平衡，才能打造一家和谐的餐厅。

好的服务和好的营销一样是设计出来的。好的服务设计，是老板与员工共创的。

02 如何设计餐厅的服务

餐饮是服务行业中对服务水平要求最高的行业。那么，餐饮企业经营者应当如何设计餐厅的服务，提升自己的服务水平呢？

1. 服务是基于餐厅规模的设计

树立了服务认知以后，就要设计餐厅的服务了。请记住，服务设计要基于餐厅的规模，不能多，也不能少。这有什么标准呢？一是参考优秀的同行服务设计，取长补短；二是基于餐厅的实际情况，设计自己餐厅的标准体验。

2. 服务是基于产品的设计

所有的服务必须与产品相匹配，否则再多的服务也会适得其反。比如，有的餐厅，上餐时会载歌载舞，这就是"峰"的体验设计，很多客人都会拍照，帮餐厅进行传播。但是，如果一家以幽静著称的餐厅提供载歌载舞的服务，会引起顾客的反感。

3. 服务流程就是销售流程

服务流程就是销售流程，这句话似乎让人看不明白，我讲个故事，你就理解了。

有一次我在东莞给客户做现场方案，由于中午吃的是飞机上提供的套餐，胃里不舒服，去药房买药。

到了药房，我说：买一盒三九胃泰。

女店员直接我推荐，并把一盒三九胃泰打开，同时还说：无糖的比较好，含糖的药效差。

我赶紧说：那就拿无糖的吧，给我拿两盒（因为我着急回宾馆）。

扫码结账时，她说：我看您的鬓角有很多白头发，是肾的问题，肾气不足。您是不是有时候吃凉的东西，胃就会难受？

我说：是（说到我心坎里了）。

她又说：那是胃寒，您应该喝点红参。

我问：什么是红参呢？怎么喝呢？

她说：这个红参很好，每天泡水喝就可以，可以补肾气。

话还没说完，她立刻从一个抽屉里拿出来一盒。

说：你看一下，这是小袋独立包装的（暗示使用方便），我也自己买着喝，这个是我自己喝的（客户见证，信手拈来）。

我心想，说到这儿了。好，买一盒试试，毕竟人家是专业的，就好比我专业做餐饮品牌营销一样。

付完账之后。她立刻又说：像您这种情况可以经常调理一下，我给你推荐牛黄上清丸。

现在买，还有优惠，买两盒赠一盒，很划算的，我也买了自己吃。说着又从抽屉里拿出来一个吃过的包装给我看（二次客户见证）。

继续说：您看一下，这就是我每天吃的。

我说：我没有地方放，这个盒子太大了（因为我是连续出差要去很多地方）。

她说：没事呀，这个盒子可以打开，然后把药放在一起，占的空间就小了。

于是，我再次中招。计划买两盒三九胃泰。结果一口气花了800多元。

买药过程中，我还开玩笑说，你自己吃，还用买吗？她说，我也是打工的呀。

话说到这，我真得表扬一下她，她不仅仅是一个打工的，而且是一个销售高手。我建议做餐饮的朋友，可以去药房看看他们是怎么销售的，做好笔记，回去之后集体开会探讨学习。

接下来我拆解一下，看看药店店员对我连续追销了三次，到底都做对了什么。

第一，真诚的态度。

她的态度是温和的，让人觉得特别舒服。全程始终都是微笑的，特别真诚，感觉她不是在卖药，而是在帮你解决问题。

第二，树立专业形象。

这个店员不但说话专业，而且服装也看起来专业——这就是匹配。她只是个卖药的，却充当了医生的代言人，这样才能够卖出更多的药。

第三。善于发现细节。

她通过观察，发现细节——及时找到痛点，并给出解决方案。发现我的鬓角有白发，立刻推荐处理方法。她的逻辑就是，不断发现问题并给出解决方案。

第四，善于追销。

只设定优惠是不够的，还需要有人来辅助。沟通技巧非常重要，不仅有技巧，而且要符合逻辑。比如，她说，这个牛黄上清丸，您可以了解一下，现在购买两盒赠一盒——无形中就让我产生购买欲望了。

第五，善于做客户见证。

店员自己在用，没问题，拿出来让我看，让我相信。不断强化认知——我还给家人买了，可以给我看一下——持续做见证。

有些方法，不一定对所有人都有效，但是这条销售路径，值得学习。很多餐饮经营者经常说生意难做，是真的难做吗？难与不难，归根结底在于有没有用心做，有没有用心学习——你要知道别人是怎么做的，优秀的人是怎么做的。

03 服务的 6Y 模型

任何事物都有其相应的宏观模型和微观因素，通过对微观因素的调控，可以影响到宏观模型的生成和变形，将这种思想映射到我们的客户关系管理上，这些微观因素就是"关键业务指标"，KPI。

"处理问题，要抓住重点"，抓住重点或核心，也就掌握了整体，在展开工作时应以点带面，全面执行，兼有深度。餐饮服务也是一样，服务的关键业务指标是顾客满意，针对工作重心，可以参考 6Y 模型。

1. 有文化

一流的企业卖文化，服务最能够体现餐厅的文化，或者说是企业文化。你餐厅的企业文化是什么呢？很简单，企业文化就是老板的文化。

2. 有热情

热情是最大的加分项。正所谓，真感情就是好文章，在服务这件事情上也是一样，可能一个微笑就能解决持续销售的大问题。

3. 有礼貌

礼貌待客，很容易成为标杆。不妨回顾一下，下面的内容是不是也可以用在餐厅经营上。

五讲："讲文明、讲礼貌、讲卫生、讲秩序、讲道德"。

四美："心灵美、语言美、行为美、环境美"。

三热爱："热爱祖国、热爱社会主义、热爱中国共产党"。

4. 有流程

一切工作源于流程，好的流程才有好的执行，好的反馈才有好的结果。没有流程，服务就没有方向，员工只会为了服务而服务。

5. 有细节

细节就在不经意间。记得有一次在上海的南京路海底捞跟客户吃饭，海底捞的员工第一时间准备了手机袋。在就餐过程中，我一不小心，汤汁溅到了衣服上，正在找纸巾的时候，服务员眼疾手快，拿起纸巾立刻帮我处理衣服上的汤汁。只有随时关注，才会对意外状况及时处理，这就是关注细节。

6. 有温度

餐厅服务，感冒有姜汤，排队有小吃，这也是温度。有的店，就是干巴巴的让顾客排队，顾客的耐心就会在排队中溜走，相信这样的店在排队中流失的顾客不在少数。

我自己开店的时候，吧台都会准备棒棒糖，只要有带孩子的顾客光顾，一个孩子送一颗。这样做有什么好处呢？现在很多家长管得严，不让孩子吃糖，在这里能拿到一颗糖，孩子自然就会记住这家店，只要有吃饭需求，让孩子做决策，孩子会优先选这里。

如何让服务有温度？在《茑屋书店》这本书里面增田宗昭分享了一

个理解顾客心情的方法。他写道，为了能够理解顾客的心情，从顾客的角度思考更为有效的企划方案，他曾经多次以顾客的身份观察店铺。即使在同一家店铺，他也会细心体会顾客在早上、中午、晚上的不同心情。通过理解顾客的心情，制造服务体验。

餐厅如何制造服务体验呢？有以下几个角度，可供参考。

用发现亮点思维制造服务体验，比如，夸顾客：您的包真好看。

用免费思维制造服务体验，比如，提供免费的小食、饮料。

用礼物思维制造服务体验，比如，主动给顾客口香糖。

用仪式感制造服务体验，比如，顾客进店设计节日祝福等惊喜环节。

04　服务员不能说的25句话

有一些经营者，因为店里生意太火，排队的人太多，服务员忙不过来而随意的一句话，就会导致客诉，客诉解决不好，矛盾进一步升级，甚至出现过服务员与客人一起大闹派出所的情形。

其实这种冲突都是可以避免的，当顾客遇到问题或者不愉快的事情时，一定是希望自己的心情得到释放，因此，我们的工作重点不是去争对错，而是要解决问题。

对于餐饮企业来说，当出现客诉的时候，第一步要做的就是加强沟通，采取措施使顾客平静，第二步才是解决问题。

不少餐厅经营者认为，出现客诉的第一步就是解决问题，其实不然。出现客诉，应该是先调整心情，再处理事情。如果客人不满意，心情不愉快，情绪暴躁，应先去安抚顾客，然后去解决问题。做到有事好商量，有事慢慢说。

当顾客的需求得不到满足时，就会产生消极的情绪，甚至会做出敌对行动。如果顾客不表达出感受，你就不会知道在多大程度上伤害了顾客。

因此，在做餐饮经营时，一些话是说不得的，说了会导致客诉，甚至使矛盾升级。下面这 25 句话，就是餐饮从业者不可以说的。

（1）我们店的政策就是这样的。

（2）不能。

（3）不可能。

（4）我们从来不。

（5）我们不这样做。

（6）我们不必这样。

（7）我们已经下班了。

（8）我们就是这样做的。

（9）我们已经尽力了。

（10）真是那样吗？

（11）这不是我的工作。

（12）这儿没有你的记录。

（13）你的记录找不到了。

（14）你到底想要什么？

（15）你必须如何。

（16）那是你的错。

（17）这已经是最好的了。

（18）你去找别人吧。

（19）等着吧，我现在很忙。

（20）现在没时间，等着吧。

（21）这需要多加钱的。

（22）这是别人的责任，与我无关。

（23）找别人去说吧，都一样。

（24）你没必要大喊大叫。

（25）这件事不归我管。

当餐饮从业人员说出以上这些话的时候，本来是一件小事情，可能使问题升级。

那么，如何去解决问题呢？有些话不能说，有些话就可以常说，比如，是，好的。

（1）我们能做。

（2）没问题，马上就好。

（3）最快的方法是××。

（4）最简单的方法是××。

最好、最快、最简单的词汇可以给顾客传达出一种积极解决问题的态度，让顾客感受到友好。当顾客伤心发怒的时候，我们应该热情面对，去解决问题，争论只会让客诉进一步的恶化，从而使问题越来越难以解决。

发生客诉以后，客人找我们的时候，不说激化矛盾的话，用温暖的话语及友好的动作，用从心底产生热情的言语和行动，竭尽所能减轻顾客的气愤和焦虑，最终才能解决问题，赢得顾客的心。

如果不能够理解顾客，就进行换位思考。用送礼物思维，心平气和解决顾客的问题。

本节小结

本节分享了服务的四个标准化设计，如何设计餐厅的服务，以及设计服务的 6Y 模型。经营者可以利用 6Y 模型，对餐厅服务进行升级。

思考作业： 通过学习 6Y 模型，你的餐厅服务改善应该聚焦哪些点？

001：_____。

002：_____。

003：_____。

实战工具：餐厅服务升级表

四个服务标准化板块	标准共识
服务流程标准化设计	
服务内容标准化设计	
服务语言标准化设计	
服务动作标准化设计	
注意：服务的标准化，经营者必须与员工达成共识，结合 6Y 模型进行设计，只有共同认可，执行起来才不会有障碍	

第六节　引爆点之故事营销：做好故事营销，制造传播点

先看一个故事。

有一个失明的老人坐在路边乞讨，他的面前放了一块纸板，上面写着："我是个盲人，请帮帮我。"然而人来人往，大多数人只瞄了一眼就匆匆离开。

后来，一个路过的女孩停了下来，把"我是个盲人，请帮帮我"这几个字画个大叉，然后在纸板的另一面重新写了一段话。随后，奇迹发生了——经过的路人，看到纸板上的话，再看一眼老人，纷纷掏出钱来。

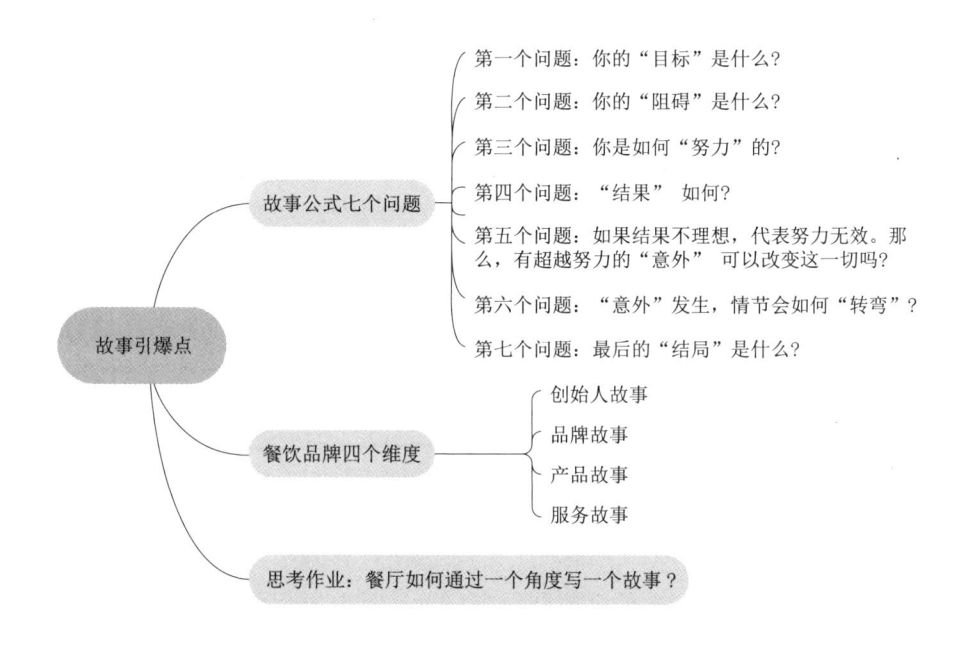

```
故事引爆点
├── 故事公式七个问题
│   ├── 第一个问题：你的"目标"是什么？
│   ├── 第二个问题：你的"阻碍"是什么？
│   ├── 第三个问题：你是如何"努力"的？
│   ├── 第四个问题："结果"如何？
│   ├── 第五个问题：如果结果不理想，代表努力无效。那么，有超越努力的"意外"可以改变这一切吗？
│   ├── 第六个问题："意外"发生，情节会如何"转弯"？
│   └── 第七个问题：最后的"结局"是什么？
├── 餐饮品牌四个维度
│   ├── 创始人故事
│   ├── 品牌故事
│   ├── 产品故事
│   └── 服务故事
└── 思考作业：餐厅如何通过一个角度写一个故事？
```

女孩写的是："这真是美好的一天，可惜我看不见"。简单的一句话，

变成了一个触动人心的故事。

再看一个故事。

苹果公司需要一个新的CEO，乔布斯把目标锁定了当时在百事可乐任职的总裁约翰·斯卡利身上。那时，苹果只不过是一颗"小樱桃"，而百事可乐已经是一片看不到尽头的"太平洋"了。

乔布斯找到约翰·斯卡利，说："你是想卖一辈子的糖水，还是想要改变整个世界"？

很多人以为乔布斯会与约翰·斯卡利谈钱，但没想到，他跟约翰·斯卡利谈的居然是"改变世界"。乔布斯用短短的一句话，散发出无比巨大的能量，把约翰·斯卡利震撼了，最后，约翰·斯卡利被乔布斯说服了，答应去苹果公司出任CEO。

当然，故事可以是一段话，也可以是一句话。

01　企业没故事，顾客主动传播难

一个企业，一个人，为什么要有故事呢？是因为故事的传播属性。

国际餐饮品牌，如麦当劳、肯德基、星巴克，故事的传播度都很广，我们对它们的故事都能耳熟能详。

很多餐饮企业模仿一些大品牌的装修风格、人员动线、产品结构，却没有打造自己的故事。这就是模仿的怪圈——只模仿"标"，没有找到"本"。一些知名餐饮企业的故事，能够通过各种途径查到，这里不做赘述。了解这些品牌的故事，是为了学会它们制造故事的方法，从而找到自己企业的故事。

举个例子，我当初最早的合作客户也是因为一个故事，才与我合作的。事实上这种故事思维也帮助了很多餐厅走出困境。虽然有些餐厅的故事没有什么文采，却是真实的。

案例：刀削面馆的故事

这是一家约270平方米的刀削面馆，装修有点古典风，灰地砖、白墙，墙上面挂着山西的古典建筑、民俗风情画，灯饰也是古典的，桌子是老榆木的，很有年代感。

这个客户先给我打电话，说准备关店了。原因主要为：一是没经验，二是没技术，现在不挣钱。

细问之下才知道，店只开了两个月。

我问，刚开始怎么样？都做什么活动了？

他的回答：刚开始头一个月挺好的，赚钱，第二个月就不行了，天天往里面搭钱。

开业前三天打五折，别的什么都没做。开始生意很火，把厨师都给累跑了。

其实这种情况，不用说，我也知道生意肯定好。但是，这样的做法吸引不到精准客流，大多数顾客趁着打折吃了三天，之后不打折就不来了。好多餐厅都在做这种活动，开业就打折，顾客进来就吃，吃完就走。

千万不要做这种打折活动，一不小心就把自己的生意打死了。因为这样的打折吸引的不是精准客户，吸引的多是觉得价格便宜的顾客。尤其是在刚开业阶段，奔着打折来的顾客坐满了，精准优质的顾客来了却没有地方坐，待打折一结束，冲着打折来的顾客不来了，精准顾客有过不好的体验也不来了，最后生意是一塌糊涂。

接着了解这家店的产品。

我问：你家除了面还有什么？

他说：有凉菜，现拌的，还有十几种盖饭。

我又追问：盖饭卖得多吗？

他说：不多，一天30份左右，客人都说上得慢。经常是一桌三四个人，点一份盖饭的话，面吃完了，盖饭才上。

我问：确定盖饭是现做的吧？

他说：是的。

……

最后确定合作，但不是马上就能给出方案。毕竟还有好几家店等着我做方案，总有个先来后到。

按约定时间见了面，直入主题。

我先了解了一下这家店的基本成本和经营情况，房租是一年 27 万元，有 12 个员工，一天的营业额大约是 3 000 元。粗略算一下，现在基本持平。

最后，我为他确定了前期方案，分三步走。

第一步：优化产品。

任何餐饮业态，产品都是最重要的，必须回归产品，优化产品线。

首先，把盖饭去掉。盖饭每天卖 30 多份，厨房忙得不可开交，依然上得慢，导致顾客体验不好。对这家店来说，还是要聚焦——专心把面做好，毕竟快餐要的是翻台率。

其次，精简凉菜品种。优化凉菜品种，把易变质且销量少的品种剔除；另外建立标准化的凉菜出菜流程，用标准化流程提高凉菜的出菜速度和质量。

最后，调整产品结构。无论是南方还是北方，吃面还是吃粉都有个习惯，来点干的——饼。正好这家店里有个师傅，做了十多年的烧饼，做出来的烧饼卖相好，口感好。于是，就在产品品种上增加了烧饼，并把这位师傅包装一下，塑造产品价值。

第二步，做文化。

店里的墙面虽然贴了好多老照片，但这么大的店，没有文化氛围，没有凝聚力。最起码应该有个口号，进而衍生出企业文化。有了文化，员工有动力，也能够植入客户心智。

第三步，营销。

我给这家店做的营销方案是微信营销与储值、裂变营销战略。后面在讲锁客时有介绍，此处不再赘述。

制定出方案之后，我说，你赶紧执行吧，一个月内，随时可以给我电话，一个月后告诉我结果。

一个月后，他打来电话，结果是这样的，每天卖一袋半面（50斤装）的烧饼。一袋半面，经过精心制作和产品包装计算下来，每天卖3 000多元。烧饼成了引流产品，好多人吃完了还打包。

去掉了盖饭，上面的速度也快了，翻台率大大提高。从电话里能感觉出来，他的心情很好，一天的营业额超过1.2万元，最多的时候有1.3万元，而且还在持续上涨。

其实，这是我早就预料到的。做生意，只要用心，就一定能成功。

具体解决方案如下。

（1）包装厨师。因为烧饼师傅的特殊手艺，可以包装成烧饼大师。那么，如何包装呢？烧饼师傅的工装一定要有档次，帽子要专业。我们找照相馆给烧饼师傅照相，然后去广告公司，做一张高大上的海报。海报标题：十五年专注一件事，只做烧饼，烧饼专家……

（2）建立文化。先快速设定一个能打动顾客的简易标语：认真只能把事情做对，用心才能把事情做好，我们一直在努力。之后还要设计一个企业文化墙，建立企业文化。当然，每个店不同，文化也不同，这与前文讲到的服务6Y模型有异曲同工之妙。

（3）嫁接微信的小营销活动。扫码送卤蛋，因为在面馆里，卤蛋也算是刚需产品。凉菜点满4个加1元，另送1个指定凉菜。另外，发店内三张图片到朋友圈，还有小礼品。由于参与人数较多，而且精准，没几天就实现了裂变，人越来越多。

（4）顾客开始增加的时候进行锁定。面馆的特点就是利润相对高，锁定顾客就是储备源源不断的客流。经过锁定，也有了现金流——用充值的方式锁客。不到一个月，顾客充了20多万元。

（5）制作健康手册。制作一本老年人生活健康手册，大批量印刷，成本 3 元一本，放在收银台，卖 5 元一本。好多年轻人都买，封底印有店内微信，持续传播。这个小本，每天能卖 50 本左右，顶一个三线城市服务员的工资了。

（6）给员工以激励。为了让服务员有动力，每天所点凉菜以 5 个为基数，超过 5 个，一个荤菜提成 1 元。同样的方式，素菜提成 0.5 元。

02　餐饮经营者如何打造故事

餐饮经营者至少有四种故事可以打造：一是创始人故事，二是品牌故事，三是产品故事，四是服务故事。那么，如何去打造呢？

台湾故事大王许荣哲在《故事课》里把讲故事的套路称为"靶心人公式"。这套公式，一共包含了七个问题：

第一个问题：主人公的"目标"是什么？

第二个问题：主人公的"阻碍"是什么？

第三个问题：主人公是如何"努力"的？

第四个问题：主人公收获了什么样的"结果"？（通常是不理想的结果）

第五个问题：如果结果不理想，代表努力无效。那么，有超越努力的"意外"可以改变这一切吗？

第六个问题："意外"一旦发生，情节又会如何"转弯"呢？

第七个问题：故事最后的"结局"是什么呢？

把上面的七个问题简化后，可以得到故事的公式了：

（1）目标 -> （2）阻碍 -> （3）努力 -> （4）结果 -> （5）意外 -> （6）转弯 -> （7）结局

不管是小说、电影，还是剧本、漫画，只要它的核心是故事，大部分都有类似的结构。

要说三分钟讲出一个有头、有尾、有冲突、有转折的故事，也有两个公式。

简单来说，它把"靶心人公式"一拆为二。

第一个公式，我称它为"努力人公式"，是"靶心人公式"的前四个步骤：

（1）目标 –>（2）阻碍 –>（3）努力 –>（4）结果

第二个公式，我称它为"意外人公式"，其实是"目标"加上"靶心人公式"的后面三个步骤：

（1）目标 –>（2）意外 –>（3）转弯 –>（4）结局

这样成了两种组合，形成三套故事模型。根据关键词，再进行填空，就可以了。

03　打造故事的四个维度

故事化沟通是传递信息最有利的方式。下面我来说说打造故事的四个维度。

1. 创始人故事

创始人之前做过哪些事情？为什么要做这件事情，结合上面的"靶心人公式"，去构思，然后进行优化。比如，黄大妈木桶饭的故事是这样的。

黄大妈，传承妈妈的一碗好米饭

2010年，一个孩子即将出生，他的爸爸面临失业，一家人居无定所。迫于生计，他的爸爸带全家来到惠州，并以他母亲的姓氏做起了木桶饭，取名"黄大妈"。让妈妈的手艺得以传承，做好每一碗有幸福感的木桶饭。11年的时间，从第1家街边小店到如今的20余家标准化门店。发展的是门店，不变的是做好每一碗饭的承诺。

也许，我们走得不快，但我们仍然坚持本真，笃定前行。

未来，黄大妈将继续传承妈妈的手艺和心意，用一碗好米饭，满足中国人吃饭的幸福感。忙碌的日子请记得，大妈欢迎您回家吃饭。

那个孩子的爸爸是我，我是李伟波。做良心的餐饮人，一个有情怀的创业者。

2. 品牌故事

无论是品牌故事还是创始人故事，一定要创始人亲自来写，或者创始人口述，其他人整理。打造品牌故事，关键在于真实，不仅故事要真实，情感和案例也要真实。用"情感"切入，避免虚情假意的故事用真情讲一个贴切的品牌故事。

估计不少人记忆最深刻的品牌故事都是苹果公司创始人乔布斯的故事。乔布斯最早在车库开始做电脑创业，进而延伸出苹果公司的来历，相信不少人都能讲出来。

3. 产品故事

产品故事，要突出原料、调料、制作工艺。这些数据，也就是数字化的展示，这样才能够让人更好地记住。

在《产品主义》这本书里面，有一个关于巴奴乌鸡卷的产品故事。

巴奴乌鸡卷，用 2 年鸡龄的散养乌鸡做成，由清真食品企业永达专供，巴奴还为它量身定制了特别的使用场景："菌汤绝配，无须蘸料，一口肉一口汤，味道更鲜美。"而鲜美醇厚的菌汤，以云贵高原海拔 2 000 米以上的 A 级野生菌为主要原料，严格熬制 4 小时；熬制好后菌汤必须恒温 80 度保存，使用时间不能超过 4 小时，超过 4 小时就会倒掉；每碗菌汤里放葱花 15 粒口味最佳。看到这个故事，你是不是也想体验一下这道乌鸡卷。

4. 服务故事

海底捞，其实就是靠打造和传播服务故事起家的。稍早时候，国人对服务不够重视，而海底捞的张勇把服务作为破局点，并打造成故事，在店内店外进行传播。

由于故事的传播，口口相传，使得海底捞服务的故事知晓度更广，而同行的参观考察也贡献了海底捞的一部分流量。

最简单的服务故事，就是表现出餐厅经营的诚信。比如，客人把手机或者包落到店里了，妥善保管最后还给客人，可以把这件事包装成一个故事进行传播；或者说有的客人为了感谢，会送一面锦旗，这个锦旗就是有故事的锦旗，它代表的就是餐厅的形象。

从最简单的地方入手去打造故事，传播故事。传播的渠道可以是朋友圈，可以是店内，可以做成图片，也可以做成视频来呈现。

当然，故事一定要真实，一定要有真情实感。但是要清楚一点，故事是制造出来的，或者说故事是人为"制造"出来的，这个"制造"不是编造，而是一种包装和完善，是带有情感的传播。从传播的角度来看，持续传播才能带来流量，不是吗？

接下来，写一个自己餐厅的故事吧。不求一次性的完美，但是先写起来，逐渐优化，会越来越好的。

本节小结

本节讲述了通过四个维度，利用"靶心人公式"去打造餐厅的故事，餐厅的故事包括创始人故事、品牌故事、产品故事、服务故事等。

台湾故事营销高手许荣哲总结的七个故事公式问题。

第一个问题：你的"目标"是什么？

第二个问题：你的"阻碍"是什么？

第三个问题：你是如何"努力"的？

第四个问题："结果"如何？

第五个问题：如果结果不理想，代表努力无效。那么，有超越努力的"意外"可以改变这一切吗？

第六个问题:"意外"发生,情节会如何"转弯"?

第七个问题:最后的"结局"是什么?

把上面的七个问题简化之后,可以得到故事的公式:

目标→阻碍→努力→结果→意外→转弯→结局。

思考作业: 餐厅如何通过一个角度写一个故事?

001:＿＿＿＿＿＿＿＿＿＿＿＿＿＿＿＿＿＿＿。

002:＿＿＿＿＿＿＿＿＿＿＿＿＿＿＿＿＿＿＿。

003:＿＿＿＿＿＿＿＿＿＿＿＿＿＿＿＿＿＿＿。

实战工具:餐厅故事创作流程表

序号	问　　题	内　　容
1	你的"目标"是什么	
2	你的"阻碍"是什么	
3	你是如何"努力"的	
4	"结果"如何	
5	如果结果不理想,代表努力无效。那么,有超越努力的"意外"可以改变这一切吗	
6	"意外"发生,情节会如何"转弯"	
7	最后的"结局"是什么	

第七节　引爆点之公益营销：把公益做到极致，践行社会责任

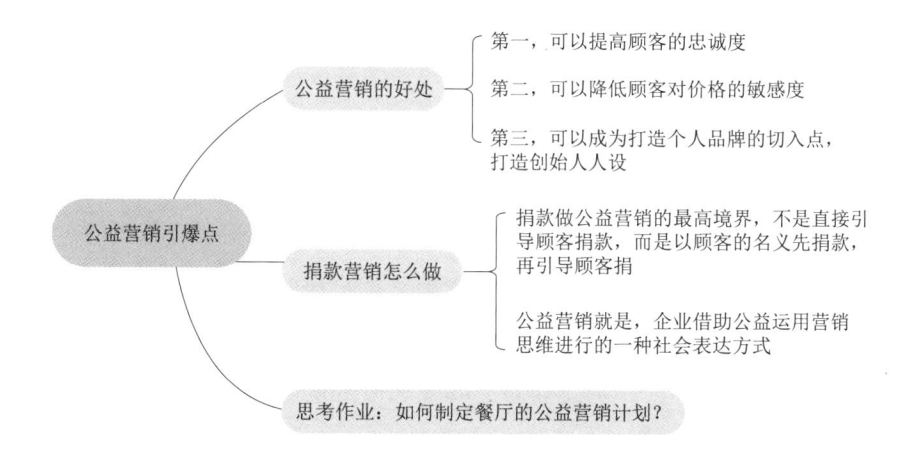

```
公益营销引爆点
├── 公益营销的好处
│   ├── 第一，可以提高顾客的忠诚度
│   ├── 第二，可以降低顾客对价格的敏感度
│   └── 第三，可以成为打造个人品牌的切入点，打造创始人人设
├── 捐款营销怎么做
│   ├── 捐款做公益营销的最高境界，不是直接引导顾客捐款，而是以顾客的名义先捐款，再引导顾客捐
│   └── 公益营销就是，企业借助公益运用营销思维进行的一种社会表达方式
└── 思考作业：如何制定餐厅的公益营销计划？
```

稻盛和夫在《企业摆脱经济危机的五大方略》中写道：商人在做买卖时，不是只顾自己得到好处，而是在自己受益的同时也让买东西的顾客受益，进而让整个社会都受益。整个社会受益，可以从做公益开始。

很多餐厅经营者都没有做过公益营销，认为店小，没有必要，其实不然。一家好的餐厅，首先要与人为善，这是生存的根基。与人为善，就要从自己做起。公益营销没有局限性，无论店大还是店小，只要是对社会有益，就可以去做。

另外，做公益营销，切忌挂羊头卖狗肉，抱着功利心。公益营销要来自餐厅经营者的默默坚持与沉淀。

01　什么是公益营销

公益营销就是与公益组织合作，充分利用其权威性、公益性资源，搭建一个能让消费者认同的营销平台，进而促进市场销售的营销模式。"公益营销"概念的提出以及该学科的由来，还有实证性的统一说法，但它作为一个理论词汇的出现，晚于营销学科的建立。

这里所说的公益组织的资源往往都是能让公众广泛认同和信任的，由于这些组织的权威性可以被最广泛的消费者接受，所以他们的公益性可以起到较好的作用。

公益营销就是以关心人的生存发展、社会进步为出发点，借助公益活动与消费者进行沟通，在产生公益效果的同时，使消费者对企业的产品或服务产生偏好，并由此提高品牌知名度和美誉度的营销行为。这个定义突出了公益营销的本质是"营销行为"，从而与单纯的慈善活动划清了界限。

在我看来，企业自发的主观能动性更重要，企业用自身的资源，在自己的能力范围内，自己组织做公益也是可行的。

02　公益营销的好处

做公益营销，第一，可以提高顾客的忠诚度；第二，可以降低顾客对价格的敏感度；第三，可以成为打造个人品牌的切入点，打造创始人人设。通过公益营销的方式打造餐厅口碑。下面通过事例，具体说一下。

2020年年初，抖音上出现了很多餐饮人做公益，取得了非常好的效果。其中雨衣妹妹的壮举，登上了共青团中央的公众号，这种影响力是巨大的。

下面是来自共青团中央的一篇关于"雨衣妹妹"的报道。

"雨衣妹妹"叫刘仙，来自成都，是一家餐饮公司的老板。

2020年2月初，刘仙了解到武汉许多医护人员吃不上热饭，便决定带队赶到武汉为医护人员做饭。经过与相关部门沟通后，她作为志愿者获准进入武汉。

2月3日，刘仙"逆行"十几个小时，驾车从成都赶到武汉。她随车带过去的，除了几个自愿报名的员工，还有200多斤猪肉、300多斤大米和两大袋土豆。

2月4日凌晨2点，刘仙抵达武汉，仅仅睡了3个小时后，便开始清洗厨房，准备原材料，开工做饭。当天就做出来了400多份盒饭，送到医院。到3月15日，刘仙带领她的团队免费为一线医护人员连续做饭40多天，风雨无阻地送出免费盒饭2万余份。

有人说，她是为了出风头，其实她一直就是这样做的。她的老师说，刘仙当年是班上团支部书记。她学习非常刻苦，在校期间成绩一直名列前茅。思想上，她积极进步，较早加入了中国共产党。

她关心同学，寝室同学身体不舒服时，她会第一时间送上热水；积极帮助家庭经济困难的同学，为他们争取助学金和勤工助学岗位。大学期间，她还组建了一支志愿团队，坚持到都江堰蒲阳镇敬老院陪老人聊天、帮助打扫卫生……

毕业后，刘仙自主创业开办了"盒悦"盒饭连锁餐饮店。2019年年底在成都举办"背影骑手节"，邀请成都400余名外卖小哥免费吃小龙虾。她说，希望通过这样的公益活动，让公众多理解风雨里的骑手。多一分温暖，少一个差评……

再说一个公益营销的例子。

作为国际知名的餐饮品牌，麦当劳在2020年5月宣布了一个活动，也算是公益营销。官宣新杯盖，不需要吸管，引发点赞和传播。

请看下列图片（图片来源于麦当劳公众号）。

BYE
BYE
STRAW
为了地球
我不“管”了!!!
FOR EARTH
现在起，
为了地球，
不用吸管！
拜拜
NEW
无吸管
新杯盖
率先登陆
北京、上海
广州、深圳
更多城市
陆续推广中
自带饮嘴
抬头畅饮
ARTH
6月30日起将不会主动为不含固形物的冷饮配备吸管。其他城市麦当劳餐厅也将陆续执行本行动。
珍珠奶茶、麦旋酷等含有固形物的冷饮以及麦咖啡柜台饮品暂时仍配备吸管。

> 什么?! 没有吸管了!

> 我的冰阔落怎么办？珍珠奶茶怎么办？

不用担心！

6月30日起，北京、上海、广州、深圳的麦粒，可以用自带饮嘴的新杯盖，直接喝可乐啦~
这项环保举措将在今年内覆盖中国内地所有麦当劳餐厅。

- 小贴士

珍珠奶茶、麦炫酷等含有固形物的冷饮，以及麦乐送、麦咖啡冷饮，暂时仍将配备吸管。

> 呜呜呜，吸管这么好，为什么要隐退？

别看吸管小小一根，

恰恰是因为体积小，难以回收利用，

麦粒们一起做出小小的改变，不用吸管，

一年就能少用

约**400吨**塑料！

*根据麦当劳中国往年数据预测

Σ(°д°lll)

答应我，为了地球，

是时候不"管"了，

就像这样 ↓

第三章 | 掌握八大引爆点，轻松做到区域旺铺

因为热爱 尽善而行

麦当劳绿色包装行动

麦当劳的热爱不止于美味和服务，我们对所在的社区和环境也心怀热爱。过去十几年我们持续开展"绿色包装"行动，优化包装材料，并且减少塑料的使用。

2007 开始使用外卖纸袋。麦当劳是国内餐饮行业率先使用纸袋的品牌！

2010 麦旋风塑料杯变身纸杯。

2015 热卖产品麦辣鸡腿堡改用单层包装纸。

2015 刀叉精简重量，减少塑料用量。

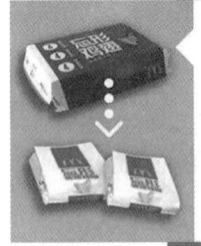

2016 板烧鸡腿堡改为单层包装纸。麦辣鸡翅4块装改用纸袋。

2016 麦咖啡热饮杯双层变单层，用纸量继续减少。

2018 宣布"我们的一小步，世界的一大步"可持续发展行动计划。

2018 早餐粥碗、吉士蛋堡、猪柳蛋堡、麦辣鸡腿堡、板烧鸡腿堡、开心乐园餐包装优化，用纸量减少。

2020 所有的纸制包装，都100%来自经森林管理委员会（FSC）认证原纸。

2020 6月30日起，北京、上海、广州、深圳率先使用"无吸管"新杯盖，年底前覆盖中国内地所有餐厅。

134

03　如何做餐饮公益营销

下面说说如何做餐饮公益营销，具体以捐款营销的流程为指导。

捐款做公益营销的最高境界，不是直接引导顾客捐款，而是以顾客的名义先捐款，然后引导顾客捐款。

下面是我梳理的公益营销捐款的基本流程，仅供参考。

第一，可以在捐款箱的附近放一KT板，并在上面写上：我们已经以客人的名义捐了多少元。特推出消费捐款满多少元，赠××，玩××，吃××等。

第二，对于捐款，只写捐多少元，是没有太大的说服力，要寻找第三方背书。第三方的信息来源，更能让顾客相信，也可以寻求媒体报道。有人说，这样太高调，其实不然，这样更有说服力。

第三，如何让更多的人参与？首先，让已经进店的顾客参与，通过给顾客贴标签，改变顾客的定位。可以在KT板的另一个区域写上：你认为自己乐于助人吗？通过这样的方式引导顾客主动参与，但不要做道德绑架。其次，吸引更多顾客进店参与，从传播的角度来看，公益营销不缺用户基础。可以帮助餐厅获得一定的传播效果。公益营销能够激发人人向善的力量，有利于餐饮品牌获得顾客的认可。

一言以蔽之，公益营销就是企业借助公益，运用营销思维进行的一种社会表达方式。

做公益不分大小，卫生间对外开放，利己利人；提供打气筒，为环卫工提供热水，提供休息区；带员工一起捡拾垃圾，看望孤寡老人，都是在做公益。做公益，从小做起，从每一天做起。

本节小结

践行企业社会责任会赢得更多的尊重。前面分享了雨衣妹妹挺身而出，去为一场没有硝烟的战争做后勤，麦当劳践行社会责任的大举措。最后，分享了一个捐款营销的注意事项和流程，反其道而行之。希望您看完本节，好好思考一下，自己的餐厅如何践行社会责任？从基础做起，从小事做起，尽力而为。

思考作业：如何制定餐厅的公益营销计划？

001：_____。

002：_____。

003：_____。

第八节　引爆点之微信营销：玩转微信，打造超级节点

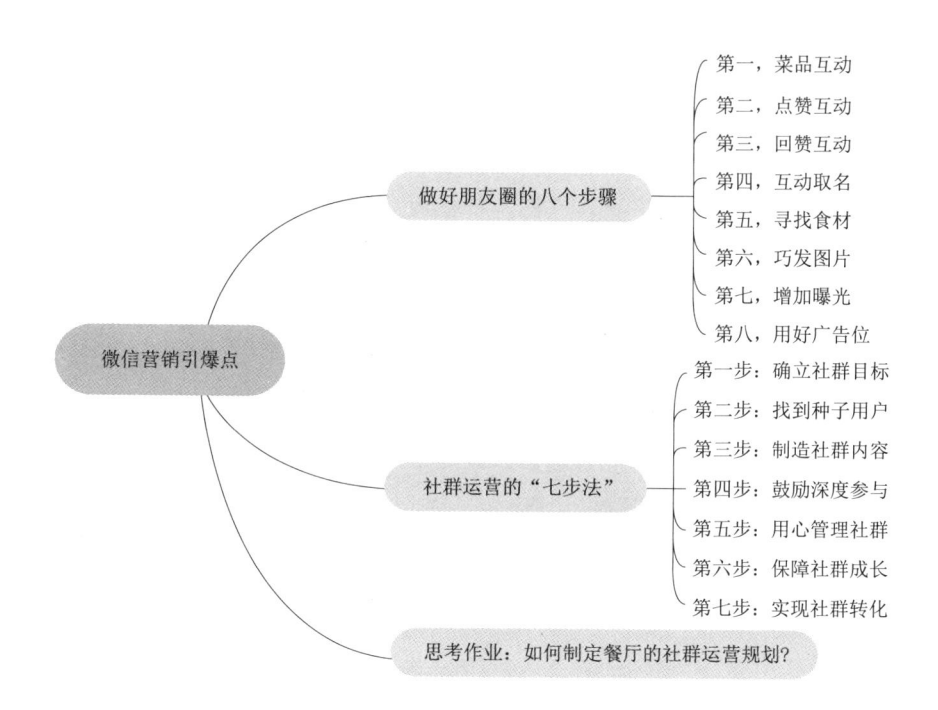

```
微信营销引爆点 ┬─ 做好朋友圈的八个步骤 ┬─ 第一，菜品互动
              │                        ├─ 第二，点赞互动
              │                        ├─ 第三，回赞互动
              │                        ├─ 第四，互动取名
              │                        ├─ 第五，寻找食材
              │                        ├─ 第六，巧发图片
              │                        ├─ 第七，增加曝光
              │                        └─ 第八，用好广告位
              ├─ 社群运营的"七步法" ┬─ 第一步：确立社群目标
              │                      ├─ 第二步：找到种子用户
              │                      ├─ 第三步：制造社群内容
              │                      ├─ 第四步：鼓励深度参与
              │                      ├─ 第五步：用心管理社群
              │                      ├─ 第六步：保障社群成长
              │                      └─ 第七步：实现社群转化
              └─ 思考作业：如何制定餐厅的社群运营规划？
```

01　什么是微信营销

微信营销，就是企业基于营销思维，在微信端建立用户关系的活动。简单来说，微信营销就是线下活动，线下人与人之间交互的平移。

很多餐饮企业用微信号建立营销体系，是因为微信号是目前能够触达顾客最为直接和有效的一个渠道。顾客关注了微信朋友圈，而产生了购买行为，表面是直接消费，背后是顾客对企业价值的认同。因为顾客认同企业价值，从而产生信任并购买，也会从单次购买到持续复购。

如今，微信群已经成为餐饮企业连接顾客的手段。从单次进群引导，到微信群的内容和福利生态营销，使得商家在微信群推送的信息，被更多顾客看到的概率大大提高。

02 打造高质量的朋友圈

所有的销售都是建立在信任的基础上。树立形象的过程，就是建立信任、为吸引顾客做准备的过程。社群就是餐厅的第二家店，要把朋友圈建成有温度和高质量的自有平台。

1. 朋友圈营销步骤

目前，微信个人号可以突破5 000个好友了。基于1 000个粉丝理论，对一家餐厅来说，如果有1 000个铁杆粉丝，店的生意一定会异常火爆。如果有粉丝，却不去运营，就是一种资源的浪费。如何做好微信朋友圈？在此，梳理了以下步骤。

第一，微信取名。

一个恰当的名字事半功倍，名字一旦确定最好不要更改。名字可以是店名，可以是店小二、××店小二，也可以是店名+品类的组合。虽然名字没有一定要求，但是也有基本之义，如名字广告色彩不要过重，必须亲切等。一个恰当好记的名字，对营销很有帮助——顾客中午或者晚上想要吃饭的时候，看到朋友圈的内容，就会自动联想。

第二，头像设计。

餐厅可以用本店的logo作头像，也可以用门头作头像。在实践中，我发现很多用门头做微信头像的，但存在一定的问题，比如，门头照片不清晰。与其这样，倒不如用一道主打菜来作头像——便于顾客记忆和联想。当然，如果有营销活动，可以临时把头像更改为活动介绍图片，能突出活动的关键词更好。

第三，个性签名。

你的餐厅能解决顾客的什么问题？解决了顾客的哪些痛点，可以用微信签名表述一下。微信签名也可以是餐厅经营理念、价值观——微信签名就是餐厅的第二个名片，字虽少，能力却不小。

第四，朋友圈封面。

设计朋友圈封面时，可用一些免费软件，比如，创客贴。很多人的朋友圈封面，就是随便找一张图片——90%以上的人都是这样做的。如果餐厅的微信也这样做，就是浪费资源。朋友圈封面可以设计一下，用来宣传餐厅，强化顾客记忆，如餐厅的定位、主打菜品、口号等。

第五，加好友。

在醒目的位置摆放餐厅的微信二维码，当顾客进来吃饭的时候，服务员要积极主动引导顾客扫码加微信。

比如，在桌子上贴上微信二维码或者放上带有二维码的桌牌，在餐厅门口放二维码海报。需要注意的是，海报上不仅要包含广告信息，还要有营销信息，如，通过微信订餐到店立即上菜；通过微信可以订外卖——首次订餐或者订外卖的，赠一份礼品等。

第六，发内容。

很多餐厅加了顾客的微信以后，唯一的广告方式就是群发信息，久而久之，让顾客厌烦。添加顾客为好友之后，一定要学会在朋友圈展示自己。

餐厅朋友圈发什么？怎样才能在朋友圈展示自我？

（1）食品安全排第一，必须消除顾客对食品安全的顾虑。对于吃的东西，顾客最关心的是安全和卫生。可以在采购食材、原料、调料时录制挑选的视频或者拍摄图片，突出精挑细选、来源安全、每日新鲜；可以在餐具消毒后或厨房、前厅卫生清理干净的时候，拍一些图片或视频，配上文案，发到朋友圈。

（2）餐厅的新菜单、新品图片都要在第一时间发到朋友圈。

朋友圈作为维护客户的一个工具，要想使朋友圈发布的内容有影响力，每天至少发布五条以上的信息。

第一，每天早上至少发布一个市场采购的信息。可以是采购人员拍摄的照片和视频，也可以是经营者自己拍摄的照片和视频。让顾客看到并了解餐厅对选材的用心和负责，增加顾客的信任度。

第二，每天要发布早例会或者晚例会的内容，让顾客感觉经营团队的正规化。

第三，每天开餐前，可以发一些准备工作做好的视频，让顾客了解餐厅的相关情况。

第四，开餐时间，比如，午餐时段或晚餐时段，拍新菜品制作视频，顾客爆满视频，办理会员卡的客户见证照片，不求专业，但求真实。

第五，可以发布团队聚餐或团建活动的视频。

2. 玩转朋友圈的八大技巧

第一，菜品互动。

朋友圈可以发9张图片，餐厅营销就要利用好这9个位置，放9道特色菜的图片，把9道菜分别编一个序号，同时，配上一段文字，比如，本店的9道招牌菜，如果可以免费吃，你最想吃的是哪一道菜呢？看到这个朋友圈的顾客就可能会回复，回复的选择可能是多种多样的。经营者一定要与回复的顾客互动，可以说：只要你在×月×日之前来到本店里面就餐，这一道菜您就免费吃（可以是三天内，可以是半个月内）。

顾客看到餐厅经营者的回复会感到很惊讶——"我"只是随便回复的，没想去店里面吃饭，竟然真给"我"免单。顾客就会觉得自己投对了票，而且可以免费吃这道价值××元的菜品——一定要找时间去，不能浪费了。

这相当于用一道免费的引流产品，吸引一个，甚至一桌客人来店里吃一顿饭——他不可能只吃一道菜。

第二，点赞互动。

点赞互动，顾名思义就是在朋友圈发一些餐厅活动图片，邀请顾客点赞，然后设定点赞量以获得某种奖励，比如，点赞排序为9的倍数的人获赠菜品，即第9，第18，第27，第36……来店就餐者就可以获得一道免费菜品，或者是获得参加餐厅某项活动的资格。

点赞要设置截止日期，截止后，要把结果截图发到朋友圈，让顾客感觉没有暗箱操作，不是虚假宣传。也要给获奖者私信，告诉获奖者的点赞排第×位，只要在×月×日之前来到店里就餐，就可以赠送他什么菜品。

顾客感到很惊喜——"我"居然中奖了；还会觉得很受尊重——通知获奖。也许不是每一个顾客都会来餐厅兑现奖品，但大部分顾客都会来，为什么呢？因为顾客会觉得这么多人点赞，中奖的就这几个人，好不容易中奖了，如果不去兑奖，会觉得自己亏了。

第三，回赞互动。

当餐厅要做一些活动的时候，可以把之前发过的朋友圈再次点赞，或者找出评论较多的一条或者几条朋友圈，把此次的营销活动文案在这条或这几条朋友圈下再评论——之前做过评论的顾客会收到提醒，点开看的概率就会提高。

比如，要做一个美食节或店庆活动，找出之前有100多个人点赞的朋友圈，在这个朋友圈下方进行评论，评论以后顾客的微信就会收到新消息提醒。

第四，互动取名。

厨师研发出了一道新菜，邀请微信好友来给这道菜取名，一旦被选用，这道菜可以永远对他半价或者免费。

发这个朋友圈时，需要把这道菜的主料、辅料，以及这道菜成品图片发出。引导顾客参与活动，餐厅可以在评论区评论一些菜名，再吸引顾客参与评论。

当某个顾客取的名字被选用以后，他会优先选择到店就餐。他点这道菜的时候，有以下好处：第一，半价或免费；第二，有成就感，可以跟自己的朋友炫耀——这道菜名字是"我"取的，"我"来这个店吃饭，这道菜永远都是半价的或者免费的。

试想一下，如果餐厅有50道菜，让50个顾客来取名的话，就相当于通过50道菜拥有了50个铁杆粉丝。

第五，寻找食材。

餐厅经营者利用食材做营销，可以在朋友圈发布全国寻找优质食材的活动，发布小视频，让顾客一起寻找，或者让顾客提供线索。一是针对提供线索的顾客设置奖项；二是做食材猜想活动，猜中者有奖。

第六，巧发图片。

微信朋友圈一次可以发9张图片，如果只发一张大图，如何把图片最大化呢？可以用九宫格拼一张大图，方法就是用九宫格小程序（微信端搜索：九宫格）把图片分解，然后把9张图片像拼图一样拼在一起，形成一张完整的图片。把图片最大化，不但有了格调，还可以让顾客更清晰地看到图片。

第七，增加曝光。

微信朋友圈的曝光时间一般是30分钟，这是每个人刷朋友圈的平均值。如何增加同一条信息的曝光度呢？最好的方法就是循环发。循环发不是不停地发，而是要有技巧，同样的信息在发第二次的时候，把第一次发的删除。这样，朋友圈信息总是最新的，也能够让正在刷朋友圈的人多次看到。

第八，用好广告位。

在发微信朋友圈的时候最好选择位置，即当时发朋友圈的位置。在发朋友圈时，点击这个位置进去以后，上面会出现目前所在的位置。这个位置的地址，可以选择不用。通过搜索重建地址，建好以后每次发朋友圈的时候选择一下，就可以直接用了。

比如，重建的地址可以是餐厅的订餐电话+主打菜品，或者是一句广告语，这样能最大化地利用好朋友圈。

把朋友圈打造好，就可以考虑建立社群了。

03　建立高效的社群营销体系

如今，社群已经成为一种用户社交的载体。因为它具有跨越地域、流量巨大等特点，成为很多行业沉淀和转化用户的一种常见方式。说到社群，就不得不提两个企业。在手机领域，最早试水社群的，也是做得最好的，是小米；餐饮领域，伏牛堂做社群比较早，伏牛堂做了一个 50 万人的线上发布会而成为里程碑事件。

伏牛堂的线上发布会，事前发布了公众号文章，吸引了 150 万人阅读，并且做到了零费用。对此，伏牛堂创始人张天一说，这是一场没有时空局限，蹲马桶都可以看的发布会，直接面对用户和潜在的消费群体。伏牛堂通过社群，实现了跨越式发展。

2020 年新冠肺炎疫情，很多餐饮企业都在做社群，如乐凯撒等。

1. 社群的价值

社群到底有什么价值呢？

第一，可以连接人群。顾客当中有一些高端人士，以前是接触不到的，但是通过社群可以实现连接。

第二，可以进行产品测试。以往的产品测试发布渠道有限，社群是精准渠道，在社群发布，能够降低信息的损耗。

第三，可以做客情维护。店里生意太忙，没有时间跟顾客打招呼，忙完以后，可以在社群进行维护，增加顾客的熟悉度。

第四，可以拓客。拓客是社群最重要的价值。拓客，简言之，就是拓展客源，让更多的顾客到店里就餐。

第五，可以寻找合伙人。餐饮企业经营者打算开新店，通过社群发布消息，寻找生意的合伙人或者员工，以降低招聘成本。

第六，可以寻找资金。这个更好理解，有的人有钱，缺项目，通过社群可以找来投资人等。

第七，可以实现转型。拥有社群，如果不再开店，也拥有客户，可以随时转化商业模式。比如，一个做广告物料的，积累了很多客户，以前有工厂、有场地，现在全部取消，变成商务型企业，只接单，第三方制作，大大降低了开店成本。

2. 社群营销常见的错误

第一，把社群当成纯粹的广告平台，过度营销，引起粉丝反感，甚至被拉黑。

第二，信任度没建立起来，导致效果不好。

第三，经常发一些没有价值的信息，如，心灵鸡汤的信息。

第四，把社群当作玩具，用于打发无聊的时间。

社群营销的前提是，找到精准的用户，找到志同道合的一群人，否则再多的社群、再庞大的人数，也不会带来高转化率。

3. 建立社群的步骤

第一步：确立社群目标。

做任何事情，先要有目标，建立社群也是一样。确定自己的社群目标是以互动、锁客为主，还是以连接为主。有了目标，再去找目标用户。比如，互动群，就是顾客都可以进入；会员群，只有会员才可以进。

第二步：找到种子用户。

没有用户，就不会有传播，更不可能有增长。因此，做社群运营，就要找到种子用户。社群的早期用户可以定义为种子用户，通过有意义的进群仪式，让社群成员有仪式感、有归属感。种子用户，为较早吃螃蟹的人，可以通过店内海报招募，也可以通过朋友圈招募。种子用户具体人数的多少，视社群的管理能力而定。如果条件有限，社群种子用户也可以分批进入，比如，我的城市合伙人社群就是分批次招募的。

第三步：制造社群内容。

如果把社群比作一道菜，内容就是这道菜的调料。做菜，你不能把菜放在锅里不管了；做社群，你不能拉完群就不管了，运营社群与做菜是一样的道理。为了激发社群的活跃度，同时也为了让每一个用户能在社群里有所收获，必须要有优质的内容。内容是每个社群存在的根本，不管是做哪个平台，内容永远是最为重要的决定性因素。

内容来自哪里呢？一是社群成员自产内容，依靠社群，组织成员自己发布；二是定期发布菜品信息、活动信息或资讯类内容，比如，端午节可以准备仪式感的礼物或者活动；三是有一定价值的专属内容，如菜肴制作方法、厨师技艺小视频等。

第四步：鼓励深度参与。

对于餐厅来讲，让顾客深度参与，有很多方式，可以采取社群成员聚会、裂变用户排行榜、比赛等，就是想尽一切办法让顾客在社群活跃起来。社群就是一个连接工具，一是餐厅与社群成员的连接工具，二是社群成员之间的连接工具。

第五步：用心管理社群。

最好的管理方式是自运营，比如，社群成员共同制定群规，轮流进行管理和共同生产内容。只有实现自运营，成员才会更积极。另外，在社群运营中要允许成员在一定范围内或指定时间发布广告。

第六步：保障社群成长。

社群如人，也需要不断成长，才能实现可持续发展。社群可以经常进行激励性比赛，做排行榜，建立评级系统等方式，来促进成长。

一个持续的社群，要使成员有参与感、归属感和仪式感。具备这样的社群，才可能成长。参与感，比如，红包接龙、成语接龙、线下的沙龙——餐厅可以利用下午时光开个小型的见面会、读书会等。归属感，倾听成员的心声，必要时调整方向，让"家"更温暖。仪式感，就是使某一天与其他日子不同，使某一时刻与其他时刻不同，比如，我加入了一个社群，我们有固定的手势，也有基本的欢迎仪式，线下见面有统一的着装，这就是一种仪式感。

第七步：实现社群转化。

社群养熟以后，就可以持续进行商业转化。针对会员，可以做续费；

针对普通顾客，可以做会员转化。社群活动与店内的活动结合，引导顾客持续消费。

还可以做联名的社群，与其他品牌联合召开产品发布会、招商会、众筹会等，用各种形式实现商业转化。但是，切记一点，商业转化不要简单、粗暴，一定要有温度。

本节小结

本节重点分享了如何打造朋友圈，以及运营社群的"七步法"。

（1）做好朋友圈的八个步骤：

第一，菜品互动；

第二，点赞互动；

第三，回赞互动；

第四，互动取名；

第五，寻找食材；

第六，巧发图片；

第七，增加曝光；

第八，用好广告位。

（2）社群运营的"七步法"：

第一步，确立社群目标；

第二步，找到种子用户；

第三步，制造社群内容；

第四步，鼓励深度参与；

第五步，用心管理社群；

第六步，保障社群成长；

第七步，实现社群转化。

思考作业：如何制定餐厅的社群运营规划？

001：_____。

002：_____。

003：_____。

实战工具：朋友圈周运营规划表

朋友圈周运营进度表							
日期	早上例会	采购图视	备餐新品	午餐等位	晚上开餐	晚餐等位	今日增粉
周一							
周二							
周三							
周四							
周五							
周六							
周日							

所有的方法，都是简单的方法。
所有的结果，都是来自坚持。
所有的坚持，都会让你有所收获。
如果你不想坚持，就问自己一句话：我改变了我的餐厅和生活状态了吗？如果没有，请继续坚持。

第四章　做好餐饮营销，持续引爆

餐饮营销是餐饮企业经营者为了实现经营目标，获得利润，也是为了满足顾客或招徕更多的顾客而展开的一系列有计划、有组织的活动。餐饮经营是一个持续的过程，营销应该伴随着整个经营周期。每一个餐饮企业经营者都希望有更多的人光顾自己的餐厅，更希望光顾自己餐厅的顾客都满意，但是如何做才能实现这一目标？在我看来，餐饮营销是实现这一目标的重要手段。

第一节　四十九个餐饮营销策略

餐饮企业经营者想把生意做好，就要掌握营销策略，让顾客不仅能感受到菜品常吃常新，同时感受到营销活动也是常来常新。餐厅经营者在设计营销活动时一定要侧重互动营销，因为互动营销有几个优点：一是可以增加顾客黏性——不断地互动，增加黏性，让顾客主动爱上你的店；二是自带传播属性——持续地制造传播话题，让更多的精准顾客知道你的店；三是增加趣味性——一个餐厅有趣，可以弥补产品上的不足、服务上的不足。

其实，好的餐厅，就要与顾客"玩"起来——也许，"玩"是未来生意的属性。

从现在起，做一家好吃、好玩，又有趣的餐厅，应学会以下招数。

第一招：视力测试

解释：

看视力表，赢菜品。购买一张视力表贴在墙上，在地面上标注距离，不同的度数对应不同的菜品。这是一种挑战的表达，以激发顾客喜欢挑战的欲望。

好奇心驱使顾客主动挑战看到最小的字。也可以把每一行的字换成餐厅的活动力度，达到筛选精准顾客的作用。

操作：

在餐厅合适的位置放好视力表，在地面上贴上一条测量视力的线。顾客可以关注公众平台，获取参加测试的机会；也可以加店内微信，获得参加测试的机会（顾客加店内微信，能积累餐厅的私域流量）。

那么，游戏规则是什么呢？顾客没有识别出来某一行文字，由此判定其通过的上一水平的视力测试为最终结果，顾客获得相应的奖励。

第二招：对比营销

解释：

对比营销就是通过各种直观的方法将产品或服务与有联系的产品或服务在实际功能、质量上的异同清晰地展示在顾客面前，方便顾客判断、选购。这里提到的对比营销不是与竞争对手对比，而是与自己产品的对比。对比不是为了让顾客选购，而是挑战顾客的视力，选对了，可以获得奖励——用对比，突出差异，强化顾客的认知及记忆。

操作：

可以把餐厅的一款菜品进行摆拍，摆拍出两种成品：一种是正常的，一种是缺少原料的，这样做可以让顾客更加了解菜品的原料，加强顾客的记忆。

用两张对比图片做一张海报，让顾客选择，选择正确的顾客，可以享受相应的优惠政策或者活动政策。

当然，为了更有趣，可以限定时间，也可以颁发相应的奖牌——这种互动活动类似找不同，小朋友更愿意参加。参加该活动，会使获胜的顾客有成就感，失败的顾客有认知感，强化了对餐厅的印象，参加活动的顾客有可能成为回头客。

第三招：剧情广告

解释：

剧情广告是将广告投放到拥有剧情的故事片或故事短片中，剧情广告不完全等同于植入广告。当然，餐厅不用做得像电视短片那样正规，只需要在活动内容上略微增加一点剧情元素就可以了。

剧情广告就是利用顾客的好奇心，把活动内容做成含剧情的广告片，让顾客主动去看含有剧情的活动，进而了解活动内容。

操作：

最简单的做法是，利用顾客的猎奇心理，把营销活动介绍做成一个微信的聊天界面。这个微信聊天界面，可以通过视频或者是图片来呈现，也可以制作成易拉宝或者海报。

聊天内容的前半部分要与餐厅宣传的内容相关，不要太商业化，后面的聊天记录，要顺便带出活动内容和优惠政策。

也就是说，站在跟顾客沟通的角度，模拟与顾客聊天的场景，把活动内容、优惠政策传达出去，从而达到很好的宣传效果。

第四招：以小博大

解释：

在营销比比皆是的今天，顾客对于一些常见的优惠券已经无感觉了，更不愿意参与其中。

只用常规的优惠券无法引起顾客的兴趣，那就要采取一些非常规的举措——刮刮乐。大多数人都有以小博大的心理。可以把优惠券做成刮刮乐的形式，把优惠力度隐藏起来，让顾客有刮开的冲动，巧妙利用人的以小博大的心理，增加神秘感和趣味性。

操作：

寻找当地的广告公司或者某宝，制作一些刮刮乐的卡片。门槛儿可以随意设置，但要注意门槛儿不要设置得过高，一般设置三个：一是顾客消费满多少元可以参与；二是同行的顾客超过几人可以参与；三是消费啤酒多少瓶可以参与。也就是说，这种互动营销要注意花样的迭代翻新。

第五招：扫码猜谜

解释：

扫码猜谜是利用了顾客的好胜心理。对于餐厅来说，这个谜面的范围可以广一些，根据餐厅的情况设计各种各样的问题，比如，可以让顾客猜某道菜的原料是什么，餐厅有多少道菜……

操作：

把餐厅跟顾客互动的问题转成二维码，把二维码印在易拉宝或海报上面（推荐工具：草料二维码）。

顾客扫码就可以猜谜语，不同的码代表的是不同的谜语，不同的谜语对应的是不同的优惠政策。

如果单独的一个谜语放在那里，顾客是不感兴趣的。

第六招：巧妙宣传单

解释：

很多餐厅都在发各种各样的宣传单，商场里的餐厅宣传单尤其多。可能大多数人都有体会，进入一个商场，如果在商场的美食层转一圈的话，就能收到一打宣传单。这些宣传单都是相似的，对于这样的宣传单，顾客是无感觉的，会直接把它扔进垃圾桶。如何让宣传单具有互动的功能，让顾客主动进店消费呢？

操作：

在宣传单上留出空白区，让顾客可以自由地画画，也可以在宣传单上勾出轮廓，让顾客涂色，画完或者涂完色之后领取奖品。

奖品可以是画框——把顾客的作品裱装起来，让其带回家。

当然，这些图可以选择餐厅的菜品图案，也可以把餐厅的logo、广告语等设计到里面，要与餐厅的经营有一定的关系，餐厅的广告就变成了顾客家里的艺术品，或者说是摆设。

除了让顾客主动到店消费，还可以约定固定时间进行画作评选，得分高的有二次的礼品赠送，吸引顾客二次进店消费，并且引发更广泛地传播。

第七招：寻人启事

解释：

我们看电视剧，会有这样的剧情，当一个人失踪的时候，亲朋好友会贴各种各样的告示，告示贴在醒目的地方，一群人围着看。把这一方法运用到餐饮营销上，也会有不错的效果。例如，把餐厅的优惠活动设计出寻人启事的样子，通过这样的方式吸引顾客关注。如果餐厅门口或者橱窗上贴一张寻人启事，一定会有很多人来围观。

操作：

活动宣传的标题就是寻人启事，下面是活动内容。当然，这样的海报也可以做出来发到朋友圈。在设计海报的时候，一定要做一件事情——把餐厅的公众号或者是店内微信号的二维码放在海报上面，引导顾客关注。

第八招：数据宣传单

解释：

数据宣传单跟前面讲的宣传单不同，是依据数据说话。在设计此宣传单的时候，强调一些店里的数据，通过数据来引导顾客传播。

操作：

把餐厅的核心菜品销售数据分别列出来，让顾客看得见。比如，宣传单的主题可以是：这张宣传单不是广告。

这些数据比苦口婆心地劝说要好得多——数据非常直观，而且能在顾客心中会留下专业的形象。这里需要提醒的是，在设计门店海报的时候，一定要既适合在门店传播，又适合在朋友圈进行传播，这样能够做到一举两得。

第九招：找错别字

解释：

这是一个小游戏式的营销，好的营销一定有好的互动，而好的互动一定是游戏化的，能让顾客主动参与。

设计这个游戏的时候，经营者要结合自己餐厅的情况，也就是说，在设计游戏的时候，把餐厅的产品或服务融进去。这样能够达到两个目的：一是把餐厅的信息宣传出去，二是能够让顾客互动，都能增加顾客对餐厅的印象。

操作：

经营者或餐厅工作人员写一些文案在展板上，故意把一些字写成错别字，鼓励顾客找错别字。顾客找出错别字以后，可以获得一份奖励或者享受优惠政策。

比如，餐厅开业于某年，餐厅有多少道菜品？我们的主打菜品是1、2、3、4、5。这个文案中可以设置几个错别字。

第十招：试卷测试

解释：

把餐厅的营销活动做成试卷，呈现形式可以是纸质海报，可以是易拉宝，也可以是朋友圈的海报，这类测试营销特别适合给一些活动做预热。

从表面上看，这是一份测试题，实际上是一种变相的营销，这样的方式能引起顾客的注意。

操作：

在选择题目的时候，尽量要设计选择题，因为选择题能够降低参与门槛儿，减少思考成本，顾客能很快做出选择，降低顾客的厌烦感。另外，在设计测试题时，要把活动内容放进去，以达到宣传的目的。

第十一招：巧妙道歉

解释：

这其实也是一个海报类营销，不过这个海报的主题有点特殊——这个海报的主题可以是对不起，也可以是道歉信。通过这样的方式，来体现餐厅做事的认真与真诚。

与传统的赞扬自家的产品不同，以道歉的语气进行信息传达，能够让顾客形成新的阅读体验，表面上是道歉，实际上是在传达自己的优点和特点。

操作：

我也给一些合作的客户设计过一些道歉信，像新开的外卖餐厅附带的宣传单完全可以做成道歉信的形式。

如果文案写得好，还可以说出餐厅做这件事情的情怀。比如，创业故事，通过故事联系道歉内容，用真诚打动顾客。

信息爆炸时代，每个人每天都要面对海量的信息，如何让自己的信息脱颖而出呢？这就需要一个好的创意。在现阶段，道歉类营销使用较少。

第十二招：价格阶梯

解释：

阶梯式报价是按照不同的数量给出的不同价格，价格也是从低到高或从高到低的一种营销策略手法。价格阶梯则是设置价格障碍，通过阶梯提价的方式设计全新的促销模式。通过阶梯定价，形成顾客参与的紧迫感。

操作：

可以选择一款套餐或者是一款主打的菜品，新品上市前三天是半价，然后陆续调整价格，不要一次调整到位，可以分三个阶段，并且把这三个阶段的价格与调整的时间节点标出来，直至恢复原价。

通过这样的方式，让部分顾客主动参与，并且立刻形成购买欲望——让没有得到优惠的顾客"后悔"——刺激顾客主动购买。

第十三招：人人中奖

解释：

很多餐厅经营者，在设计抽奖促销文案的时候，为了节约成本，一般会设置一定的获奖比例，只有小部分人能抽到奖品。这种方式并不适合这个流量稀缺的时代。流量稀缺的时代，一定要换一个新思路和玩法——人人中奖。流量稀缺，所有获取的流量都应该尽量利用，争取让顾客多回头，顾客在一家店消费三次以上，才会形成路径依赖。

操作：

设计抽奖环节的时候，中奖比例可以设计成100%——要注意奖项有区别，人人中奖，但有不同。

奖品可以设置成实物，可以设置成虚拟物品，也可以是优惠券。用人人中奖的形式，让每一个顾客都能够得到好处，实现顾客内心的一种平衡，从而让顾客帮助餐厅进行传播。记住：营销的目的是吸引更多顾客，营销的本质是传播。

第十四招：摇钱树

解释：

摇钱树，象征着财源滚滚、高贵和祥和，用摇钱树做营销，吸引更多的顾客参与。

摇钱树互动活动，特别适合开业营销。

操作：

制作一棵摇钱树，在树的上面挂上各种优惠政策和礼物，也可以是顾客猜的纸条，或者是一些号码牌，纸条或不同的号码对应不同的礼物或者优惠政策。

在互动过程中，一定要提示顾客拍视频发到朋友圈、抖音、快手等平台，进行传播，形成二次或多次地引流。

第十五招：箱箱有礼

解释：

在日常生活中，会经常看到一些酒水促销，会有酒瓶盖中奖、退费、兑换等。作为餐厅经营者，应该如何进行隐形促销呢？其实要与顾客互动起来——箱箱有礼，就是一种简单易操作的方式。

操作：

可以在每一个酒箱里面放入老板亲笔签名的名片，作为送礼的凭据。一张名片送一瓶酒，两张名片可以送两瓶酒。名片随机放在酒箱里面，每箱放的数量不定。

箱箱有礼的"礼品"设计没有一定之规，但最少给顾客 2 瓶，最多可以给 5 瓶，餐厅根据自己的实际情况进行设计。

记住做任何事情，一定要跟别人不一样，这才是我们思考的最佳出发点。

第十六招：顾客定价

解释：

所谓顾客定价，就是让顾客参与餐厅菜品的定价，即顾客决定部分菜品的价格，让顾客找到"做主""占便宜"的感觉。当然，这个价格不是随意定的，餐厅要设计好价格的浮动范围，也就是说，虽然让顾客"占便宜"，但自己也不能亏本。

当顾客拥有选择价格权利的时候，会产生逆反心理，顾客不仅不会把价格定得太低，有可能还会定得很高。

操作：

餐厅可以选择一款单品，让顾客来自主定价，顾客说多少钱，结账时就付多少钱，因为只有一款产品，总体就是可控的，而且给出了价格范围——这个范围可以随时调节，所以，最终的决定权还是在餐厅。

第十七招：借力换购

解释：

在流量之争愈演愈烈的时代，很多餐厅总觉得自己的流量不够，如何从其他渠道的流量中获取自己有效的私域流量，成为很多人关注的重点。借力使力不费力，餐厅经营者也要学会借力，让一些大的渠道的流量直接变为自己的流量，这才是高手。

操作：

如果餐厅附近有大型的超市或者商场，可以把超市或商场的购物小票利用起来，让购物小票成为获得优惠政策的杠杆，来撬动超市或商场的流量，并达到广告效果。具体方法，凭借超市或者商场的小票就可以获得相应的优惠政策，具体获得优惠的小票金额，餐厅可以自己设计。

第十八招：多吃多送

解释：

多吃多送，就是餐厅可以针对某个单品设置活动，吃得越多获得的赠品越多。此处的单品指的是单个的菜品或者单个套餐。

操作：

针对单个菜品或套餐设计买二赠一或买三赠二等活动，只要顾客追加下单，就会获赠优惠券，可以下次来消费时使用。

这样的方法可以提炼沟通技巧，反复进行测试。用成交的思维，服务于餐厅的业绩提升，变相把菜品提前卖出去。当然，除了赠送单品或套餐，也可以赠送其他的产品或礼品。

第十九招：加量不加价

解释：

加量不加价也是一种直接转化的促销活动。在逛超市的时候，会看到很多产品，写着加量不加价，餐厅经营者也可以做类似的促销活动。这种促销活动能增加顾客的好感和加深顾客对餐厅的印象，增加复购率。

操作：

顾客特别喜欢同一款菜品，但是有不少人反馈量少，不够吃，该怎么办呢？可以进行加量。

有人会问，量应该怎么加呢？加量有两种方式：第一，加的量可以用独立的盛器，显示出加的量，可以打包带走，形成分享机制，通过这样的方式引导顾客进行传播；第二，直接送给顾客，当餐享用，给顾客留下好的印象。

第二十招：金婚促销

解释：

所有人都希望自己的婚姻幸福美满，餐厅经营者可以从这点出发，针对金婚夫妻设计专门的宴会，这个促销注重的是传播，所以要尽可能扩大传播范围，进行全城征集，使影响力迅速扩大。

操作：

餐厅经营者先用社群等信息渠道，向全城征集金婚夫妻，给金婚夫妇举办金婚的典礼。

把人们心中美好的愿望变成餐厅的销售能力，并实现转化。这个典礼一些细节不能忽视，比如，设置每对金婚夫妇可以带几个家人，超出的，按人数收费。金婚只是一个例子而已，也可以进行其他相似的促销活动。

第二十一招：玩转印章

解释：

餐厅可以根据自己的优惠政策，制作不同的印章。印章可以是一次奖励，也可以是累积奖励。比如，积三个印章赠送一瓶啤酒，或赠送一道菜品等。积攒印章不局限于某一餐品，还可以针对午餐或晚餐不同的时段来设计。

操作：

客人在结账时，可以从印章当中选择一枚，客人自己在收据上面或者收银小票上面盖印章。下一次用餐的时候只要带着这张小票，就可以享受相应的优惠政策。

这一营销方案是通过一个印章把收银小票变成了优惠券，变成了引流券，让顾客再回头。

第二十二招：转赠引流

解释：

夏天来临的时候，很多餐厅经营者针对啤酒做促销活动，但形式都比较单一，大多都是啤酒买多少赠多少。这是餐厅经营者自己设定的，没有站在用户的角度，即没有用户思维。如何变通呢？做成啤酒券，可以下次消费时用；这张啤酒券也可以转赠他人，轻松让顾客变成销售员，帮助餐厅进行引流。

这是一种用用户思维做营销的方式，让顾客有更多的参与感。

操作：

凡是来店消费的顾客，本次消费几瓶啤酒就可以获得同等数量的啤酒券，下次到店消费时可以使用。啤酒券要设定有效期，一般可以设定 7~15 天，最长可设定一个月。

设计这一营销时，一定要降低门槛儿。怎么降低呢？每次顾客消费时，可以累积使用多张券。

如果本次顾客用餐点了两瓶啤酒，就可以获得两张啤酒券，下次到店消费时就可以使用，有了赠品券顾客能不回头吗？或者说，拿到优惠券的其他顾客大多数都会进店消费，引流的作用是非常明显的。

第二十三招：趣味抽奖

解释：

自始至终我都在强调一个概念，就是差异化营销，营销手段要与别人不一样。具体来说，就是做别人不做的事情，或者做别人做过而没有做好的事情。趣味抽奖就是一个新的营销方式，所谓的趣味抽奖，就是优惠券加抽奖的营销形式。

操作：

趣味抽奖就是融合游戏和优惠两种方式。顾客结账的时候，可以给他一张印有抽奖编号的优惠券，每逢周末或者月末公布开奖的结果。中奖者只要拿着这张优惠券来店消费，就可以享受优惠政策。这样一来，顾客就不会扔掉优惠券，会在下一次有就餐需求时想到这家店，进而产生更多的消费。同时优惠券还可以进行累计，可以叠加使用。

第二十四招：实名杯子

解释：

不少知名餐饮企业，比如，星巴克、德克士，都在卖杯子，顾客进店拿这个杯子，可以购买特价饮料，或者可以免费喝饮料。

餐厅的实名杯子不同于这些餐饮企业的杯子营销，是另外一种思路——为顾客定制杯子。总之，就是顾客的"私人定制"款，满足了顾客与众不同的心理追求，增强了认同感，进而增加了顾客成为超级用户的可能性。

操作：

顾客每消费一次可积分一次，积够一定的分数时可以定制一个杯子。杯子上面，可以有顾客的头像、名字等。送给顾客杯子之后就结束了吗？这只是开始，可以走星巴克、德克士一样的营销策略，顾客每次来餐厅就餐，拿着定制的杯子，可以享有一定的优惠政策。

第二十五招：专用筷子

解释：

除了做实名制的杯子，还可以做实名制的筷子，也就是说，为顾客定制筷子，并且刻上他的名字。专用筷子与实名杯子的营销原理一致——满足了顾客与众不同的心理追求，增强了顾客的认同感。

操作：

根据顾客的消费额度，定制实名制筷子，如果有条件的话，也可以为这双筷子单独定做一个盒子。这双筷子有两重作用，一是筷子的普通功效，可以放在餐厅，由餐厅保存，顾客每次来就餐可以使用；二是象征性作用，顾客每次来餐厅，带着这双筷子，可以享受一定的优惠政策。

这个实名制的筷子有什么好处呢？可以帮助餐厅进行传播，顾客会跟朋友介绍筷子的由来——某某餐厅定制的，上面有名字。顾客不仅成了超级用户，还愿意替餐厅传播。筷子是用来使用的，但是顾客会特别爱惜这双筷子，让它的寿命更长，传播度更广。

第二十六招：流量转换

解释：

经常有这样的餐厅，午餐时段人少，晚餐时段人多；也有的餐厅晚餐时段人多，午餐时段人少。对于经营者来说，这两种现象都不是理想状态。餐厅某个时段人多，某个时段人少，从侧面折射了菜品的味道是适合的，流量有差距可能是因为人群的消费习惯，解决这个问题需要用促销的思维——用流量高的时段带动流量少的时段。

操作：

如果餐厅午餐消费的人数比较多，可以设计一张晚餐券，作为赠品。如何赠送呢？顾客初次来店送他一张晚餐券，每次消费之后给他一个印花，集齐三个印花，这张晚餐券就可以兑换一顿晚餐。

如果餐厅晚餐客人比较多，反之，可以设置午餐的消费券。

第二十七招：重复消费

解释：

其实每一个餐厅老板，都希望顾客成为常客，成为餐厅的超级用户，这就需要下很大的功夫。那么，有技巧吗？有的，可以设计一些让顾客重复消费的卡片，并给这张卡起名叫满足卡。

操作：

以面馆为例，顾客每点一份面，就可以在卡上盖一个印章，积几个印章之后可以兑换任意一碗面。当然，也可以设计成，只要拿着这张卡，每次到店消费，除了盖章以外还可以获赠一份配菜。

需要提醒的是，设计盖章、卡的时候，不要让顾客觉得目标难以实现，否则会放弃参与。比如，盖10个章可以让顾客免费享受一碗面条，那经营者可以在卡上提前多盖上3个章，这样做有两个好处，第一，让顾客觉得已经有了积累，接着积累才不浪费；第二，让顾客觉得离目标更近，参与度会更高。

第二十八招：玩转餐具

解释：

很多餐厅都在利用其他物品做一些促销，却忽视了餐厅用具的营销属性。餐厅使用最多的物品是餐具。那么，如何在餐具上进行促销呢？结合餐具的属性和一些营销策略进行设计。

操作：

可以定制一些盘子，顾客在就餐的时候，可以挑选一款属于自己的餐具。如果餐具的底部印有中奖的字样，这份菜就可以免费。这个奖项的设置要让顾客觉得很突然，有点抽签的感觉。

需要注意的是，中奖的顾客要主动告知店员，当场来验证盘子。具体每天中奖多少个，可以通过盘子数量来进行设计，也就是说，餐厅经营者可以自己来决定。

如果是面馆的话，可以在面碗内侧的底部写上中奖字样。这样的话，顾客是否中奖只有在用餐结束时才会知道，既做了活动，又践行了光盘行动。

这种中奖方式，要有一定的仪式感。当顾客中奖的时候，餐厅全体员工可以表示祝贺，也可以放上相应的音乐，这也相当于餐厅的一个特色服务。

第二十九招：雨天促销

解释：

雨天促销是一种针对外部环境，设计跟环境相匹配的促销。在雨天，人们出去就餐的意愿很低，如果不针对雨天设计促销，对于餐饮经营者来说，是一大损失。那么，在雨天应该如何做促销呢？可从顾客随身携带的物品着手。

操作：

在我国，南方雨水比较多，雨季之前就应该推出促销。比如，凡是下雨天进店就餐的顾客，随身携带的物品上有蓝色、粉色两种颜色（雨伞、衣服，也可以设置其他颜色）可以送一道菜品。这样顾客得到了实惠，强化顾客在雨天来就餐的心理。优惠政策都是有灵活性的，可以根据餐厅的情况进行设计。

第三十招：妙用书签

解释：

很多餐厅都有自己的订餐卡或者名片，如何让顾客持续保留这张订餐卡或名片呢？最好的办法就是，对订餐卡或名片的功能进行二次开发——做成书签等形式。这种形式具有实际功能，顾客能长期保存，而且可以随时使用。

操作：

可以把订餐卡设计成书签的形式，把自己的主打菜品印上去，其实，这种营销策略更适合学校附近的餐厅。

书签的尺寸是多少呢？基本上就是12厘米长，2.8厘米宽的卡片。

如果有条件的话，可以把这张书签设计得更精致一点。

第三十一招：教育转化

解释：

餐厅经营者可以开设自己的烹饪课程，相信这会成为一个新的利润点。有的经营者会担心，顾客学会了做菜，就不来餐厅了，其实不然。即使顾客学会了，没有时间做，仍会来店里消费。另外，餐厅可以卖料包，这也是一种商业转化形式。

操作：

烧烤店可以教顾客如何在家里烧烤，中餐馆可以教顾客做几道家常菜。当然，可以让顾客定期来店里学习，从免费到收费，针对不同的顾客需求，课程设计得灵活一些。

餐厅可以利用下午时段，采用小班现场授课；如果学习的顾客较多，可以建立社群，可以采用社群授课。

例如，可以针对年夜饭的主题来设计菜品，教给顾客，让顾客可以回家做；也可以根据自己餐厅的产品结构采用其他的主题来设计课程。

第三十二招：招聘营销

解释：

招聘营销，顾名思义，就是把招聘和营销结合起来，利用招聘的渠道进行营销。这种营销方式，无论是新店，还是老店都可以操作。比如，百万年薪全城寻找餐饮经理人（厨师长、店长等）。

操作：

招聘营销重点在于传播，利用朋友圈、微信群、公众号，为餐厅背书。线上用各种渠道大量转发；线下，在可以宣传的地方挂上条幅，路过的人会驻足拍照，从而形成大量的自发传播。

第三十三招：旗袍妙用

解释：

这是利用道具传播的典型形式，只是这个道具是服装而已。一般人对旗袍或其他民族服装都有一种特殊的情感，用特殊的服装营销，会勾起顾客的念想，从而加深顾客对餐厅的印象。

操作：

餐厅可以购买几款旗袍，有儿童的、有大人的，各种各样的款式以供顾客选择。另外，还可以有男士穿的长袍等。

顾客在就餐时身穿旗袍，享受美味，会主动拍照或拍成小视频以作留念，也会发到朋友圈、抖音等平台。全家穿着旗袍来就餐，这是多么和谐的一个画面，会吸引更多的人进店。

很多人可能一生都没有穿过旗袍，但是你的餐厅能够满足顾客穿旗袍的愿望，做到了与竞争对手的差异化。

当然，如果是韩国料理店的话，可以购买一些韩式的服装以供顾客选择。

第三十四招：一把抓

解释：

一把抓，具体抓什么呢？可以抓玻璃球，也可以抓其他的球类。就是用游戏来吸引顾客，从而带来更多的流量。这种方式更具备互动机制和传播机制，让顾客主动参与和传播。

操作：

可以购买一些玻璃球，放在一个盒子里面，顾客来店就餐时一次性抓多少玻璃球，就能够享受多大的优惠。这样的活动顾客会围观，更愿意参加，还会引起路人的注意。如果在餐厅的门口举办这样的活动效果会更好，既好玩，又能引来更多的顾客。

第三十五招：好友数量抵现

解释：

用微信好友数量折成钱，例如，1 000个微信好友可兑现100元。

或者多少个好友，可获得什么优惠政策。

操作：

顾客到店以后，只要出示微信好友人数量，在点菜时直接抵用现金，可以设置一个好友数量与相应优惠政策表。顾客点菜可以获得相应优惠，或点菜赠送一定价值菜品、礼品。这个玩法具有传播效果，顾客也不会想到，微信好友数量还可以这样转化。

第三十六招：货比三家

解释：

很多顾客在点餐时，会把餐厅的菜品跟其他同类餐厅进行比较，这是大多数顾客都有的"货比三家"心理。对于餐厅经营者来说，与其让顾客自行对比，不如主动帮助顾客进行对比。

操作：

可以把自家菜品的原料和调料进行展示，同时也可以展示其他餐厅的同类菜品，让顾客直接感受到，你家的产品跟其他家有什么不同。

需要注意的是，这个对比，不要针对某一家餐厅，可以泛泛对比，避免引起不必要的争端。

第三十七招：公益破局

解释：

2020年突发的新冠肺炎疫情，成了餐饮行业的"试金石"，疫情期间，不少餐厅口碑急剧下降，为什么呢？因为之前有很多事情做得不到位，让顾客对餐厅失望。面对口碑下降的情况，餐厅经营者应该如何应对呢？如何扭转顾客对餐厅的认知呢？做公益。做公益有两种方式，一种是餐厅自己付出成本，就是餐厅自己出钱去购买一些物品，做捐赠；

一种是顾客和餐厅共同付出成本，即顾客消费后，餐厅捐赠顾客消费的部分金额。

操作：

餐厅可以设置一个专用的捐款箱，把每天的营业额的一定比例拿出来捐款，同时邀请专门的机构进行公证。

公证可以打造信任背书。方便的话，尽量当着顾客的面把钱放在捐款箱里面，这样既能给餐厅带来流量，又增强了餐厅的诚信度。

第三十八招：大派送

解释：

逢年过节，都会有人发红包，在移动互联网时代，发红包更加方便。经过支付宝、微信的过年红包策略，人们对红包的认知更强了。作为餐厅经营者，完全可以借用红包来营销——把优惠券和红包结合起来，增加仪式感，升级优惠券营销方式。

操作：

把餐厅的优惠券放在红包里面进行派送，这个优惠券可以是消费的礼券，也可以是打折券。

第三十九招：有奖征集

解释：

有奖征集就是针对某一事件设置奖项来征集方案。为了扩大宣传力度和影响力，餐厅有很多东西都可以进行征集，比如，有奖征集餐厅的广告词、店庆的主题、菜品的名字等。

操作：

可以在朋友圈、微信群和公众号上面去征集餐厅的广告语，选中的广告语制作者可以享受在餐厅就餐时的优惠。优惠方案的设置灵活，可以设置为每个月来品尝一次指定菜品，也可以送优惠卡。为了有奖征集的影响力更大，可以送手机等相对比较大的奖品，作为营销宣传的点。

这种有奖征集不用特别写文案，简单说明即可。有条件的话，可以请专业的人进行评选，甚至举行颁奖仪式，让影响力持续扩大。

第四十招：有求必应

解释：

作为餐厅经营者一定要思考，经营餐厅除了解决客人吃饭问题，还能解决什么问题呢？找出这个问题的答案，就能衍生出新的商业模式。如何找出这个问题？这个简单的招数叫有求必应——顾客提问题，餐厅和其他顾客出谋划策解决问题。这样餐厅既可以留住回头客，也可以知道顾客的痛点，找出尽可能多的痛点，进而加以解决，新的商业转化就出现了。

操作：

餐厅可以开辟一块区域或一面墙，上面写上有求必应，顾客有什么问题都可以用便笺纸写好，贴在上面。当其他顾客有需求的时候，谁可以解决他的问题，就可以把答案写在上面。

这样做有什么好处呢？当顾客提出问题以后，就会二次、三次进店用餐，同时看看自己的问题是否有了答案。

为了更好地增加顾客的黏性，餐厅经营者可以主动添加顾客的微信，通过微信发送给他答案，在顾客同意的情况下在朋友圈进行传播。

第四十一招：错峰促销

解释：

所谓错峰促销就是通过促销，让顾客避开就餐的高峰，提高非就餐高峰时段的上座率，全天候营业，降低餐厅的经营成本。

操作：

有的餐厅在 14:00~17:00 的时段是正常营业的，这时可以设置好错峰时段的产品价格，从价格上吸引顾客错峰消费。另外，在非就餐高峰时段可以赠送成本比较低的产品，让顾客得到实惠，同时把餐厅错峰经营策略宣传出去。

第四十二招：点单促销

解释：

点单促销其实就是加快顾客点餐的速度，提高餐厅的翻台率。提高翻台率就是要缩短顾客用餐时间，这个用餐时间不仅仅是顾客吃饭的时间，包含了从顾客进入餐厅到离开餐厅的每一个环节，每个环节只要缩短一点时间，就意味着翻台时间的缩短。提高点餐速度是缩短用餐时间的重要环节。

操作：

地段比较好的餐厅，或者完全靠翻台率经营的餐厅，可以提高顾客的点餐速度，从而提升翻台率。比如，顾客在 20 分钟内点完餐，可以享受一定的优惠政策。这对于顾客来说是高效；对于餐厅来说，实现了餐桌的快速周转。

第四十三招：女性专区

解释：

随着女性社会地位的提高，围绕着女性消费而形成了特有的经济现象。由于女性消费的特殊性，带动了部分行业的消费，出现了"她经济"。餐厅可以利用女性对消费的推崇，提供女性的专用席位——吸引更多的女性顾客进店消费。

操作：

提供女性专用席位，要设计契合女性的元素，让女性顾客找到放松舒适的感觉。

在逛商场的时候，有些女性顾客喜欢补妆，从这个需求出发，餐厅可以设计一个融合的化妆间，供女性顾客补妆。现在，很少有餐厅设置化妆间，当然，如果你先去做了这件事，或许会成为某个区域的首家或独家。

第四十四招：梦想清单

解释：

每个人都有自己的梦想，到餐厅就餐的顾客也不例外，如何让顾客的梦想带动餐厅人气呢？梦想清单就是一个有效的办法。

操作：

餐厅可以设置一块专区，提供一些便签纸和笔，让顾客把自己的梦想写下来，贴在上面。当然，可以定做专用的卡片，上面写上主题——我的梦想；下面留白以供顾客填写。

顾客把梦想写下来，贴在餐厅专区。当顾客想看的时候，有可能自己来，也有可能带朋友一起来，从而增加了顾客二次到店的可能性。

第四十五招：心理测试

解释：

随着社会的发展，人们对心理健康和心理学越来越关注。近些年，对心理测试的研究也逐渐兴盛起来。很多年轻人喜欢做心理测试题，餐厅可以利用心理测试，减少顾客等餐时的焦虑，加强顾客对餐厅的印象，从而达到传播的效果。

操作：

可以搜集一些性格测试、心理测试等内容，做成卡片，放在桌子上，让顾客自己互动。

第四十六招：健康卡片

解释：

餐厅经营者要关注顾客的健康，从健康饮食到健康生活，处处关心顾客，让顾客在用餐时能获得健康知识，从而喜欢上这家餐厅。

操作：

可以制作一本健康手册，健康手册里带有餐厅的广告，也就是说，把餐厅广告通过健康手册"卖"出去。

也可以制作健康卡片，最好是做成明信片的形式。卡片上可以写上糖尿病、高血压、心脏病需要注意的事项，以及可以食用的食物等。在顾客进店时，把这些卡片送给顾客。为了让内容更充实一点，还可以把卡片设置成一面是对菜品的介绍，一面是对健康知识的介绍，效果会很好。

第四十七招：顾客变股东

解释：

如今，餐饮企业获取流量的成本在增加，商家越来越重视超级用户的数量，因为超级用户的数量决定了生意能做多大。过去的生意是经营商品，如今的生意是经营用户。把顾客变股东，让顾客成为餐厅的投资人就是一种超级用户思维。

操作：

顾客变股东有两种方式，第一种方式，针对储值多的顾客，给予一定的分红，并且把顾客的名字写在股东墙上；第二种方式，顾客缴纳一定的金额可以成为餐厅的股东，在消费时可以享受股东的优惠政策。如果介绍朋友过来用餐，还可以拿相应的销售提成，甚至可以享受利润分红。

第四十八招：设置价格锚点

解释：

价格锚点是指通过设置对比价格，影响顾客对产品最初价格的评估。在实际销售中，这是一个非常有效的策略。比如，餐厅可以借助一款菜品的价格，衬托另外一款菜品的价格，人为地制造对比，从而引导顾客做出决策。

操作：

一般来讲，餐厅主打菜品在菜单上呈现4~10道，主打菜品的设计要有价格锚点。第一，餐厅一定要有高价菜品；第二，高价菜品要在菜单的主页进行呈现；第三，在点菜的时候可以首推高价菜品，给顾客设定价格锚点，当顾客主动选择中间价位的菜品时不会觉得贵。

第四十九招：MTP

解释：

Massive Transformative Purpose，简称MTP，意思是宏大的愿景目标。M代表宏大，T代表变革，P代表目标。任何事情只有站在一个高度，才能够做到一个高度。也就是说，任何事情只有想到了，才能做到。你的餐厅的宏大愿景目标是什么呢？

操作：

餐厅经营者可以和员工一起共创餐厅的 MTP，并把它写出来。比如，我的愿景目标是帮助 100 万餐饮老板学好营销，实现增长。

本节小结

这一节一共有四十九个招数，以互动营销为主。做营销就是要与顾客玩起来，同时要学会融会贯通。招数不限，创意没有止境。餐厅经营者可以把上面的两招或者几招结合起来变换使用。切记，不管任何招数，一定要根据餐厅的状况进行调整，因地制宜，因时制宜。

思考作业： 当前，餐厅应该运用哪个招数做营销？

001：_____。

002：_____。

003：_____。

第二节　餐饮经营者赚钱的五十条心法

在我看来,心法比干法更重要。心法是一个人做事遵循的底层逻辑,开餐厅的心法就是经营之法。

下面将要介绍的五十条心法,是我在服务客户的过程中总结出来的,其中有很多餐饮经营者经常面对的问题。在我看来,这些心法作为餐饮老板的经营边界与做事边界,必须熟记于心,才能对餐厅的经营指导起到真正的作用。

1. 营销从旺季开始

从全年的战略视角来看,淡季做流量(引流),旺季做(品牌)能量。

旺季是餐饮品牌的黄金爆发时段,门店充足的人气自带流量,在门店人气最高的时间营销,能够做到100%的触达率,收获的将是几何级数的增长。如果淡季再做营销,即使马上开始做,也很难见效,因为不仅有时间差,触达率也不高。

2. 门头是最好的广告位

门头是顾客进店的第一理由。好的门头有"揽客"的作用,可以事半功倍,大大提高顾客的进店率;反之,差的门头可能产生"拒客"的负面作用。

3. 不要把自己的想法强加于顾客

很多餐厅经营者把自己认为好吃的菜作为主打菜。自己觉得好吃,顾客不一定也会觉得好吃。在设计产品和开发新产品的时候,首先要了解顾客。

4. 警惕房租便宜的坑

很多餐厅老板就跳了进房租便宜的坑,如,朋友家的房子,没有多少房租,成本低了不少,就决定开店,没有考察环境,没有考察客流。结果开业不久,便关门大吉。

5. 选址看流量

选址最简单的方法是看顾客的流量，就是在选址的周边看看同业和异业的生意如何。也要看竞争对手的生意如何，如果他们的生意都不好，那就尽量就不要去挑这样的地段。

6. 把学习放在第一位

很多成功的餐饮经营者到处走穴，参加各种会议，利用知识实现商业转化。因为他们都是知识底子非常厚的人，你有什么呢？什么都可以停，学习不能停，要把自己定位为一个终身学习者。注意，经营者不仅要自己学习，也要带动员工学习。

世界500强排名最好的除了银行，就是互联网公司，他们之所以有大的成绩，是与坚持学习有一定的关联的。不要笑话别人"996"，要看看别人成长了多少。

7. 不要照抄照搬营销方法

餐厅的位置不同，品类不同，顾客群体不同，开业的时间长短不同，营销的方法也是不一样的。不是什么方法都能大小通用，要因地制宜、因时制宜，努力创新营销方法。

8. 以顾客为中心

开餐厅做营销最核心的是，了解你的顾客是谁？你的菜品是卖给谁？一切以顾客为中心，要有产品思维、用户思维。菜品以顾客为中心，服务以顾客为中心，环境以顾客为中心，营销更是以顾客为中心。最有效果的活动就是让顾客主动参与。

9. 不要盲目扩张

很多餐厅经营者看到客流还可以，就开始盲目扩张。100平方米的餐厅生意不错，就把隔壁的房子租下来，结果生意大不如前。面积倍增不等于营业额倍增。只有顾客倍增，营业额才会倍增。

10. 成功的路不是只有一条

餐饮行业有多种赚钱模式，千万不要局限于一种赚钱模式——卖菜模式，否则赚钱是有限的。穿新鞋走老路，最后伤的一定是自己。餐厅经营者要开拓思路，持续学习，总会找到其他的新路。

11. 营销要适度

不能不做营销，也不要过度地提高顾客期望值。既要获客，又要留客，还不能伤客，这是原则。

12. 食材不能省

一些餐厅经营者，无限制地节约成本，尤其是在原材料上非常节省，甚至天天去市场买便宜的菜，结果把客人给"省"没了。

13. 菜单设计

菜单标准看似没有规律可循，却有一定之规———一句话，让顾客能点到他想吃的菜。在特殊情况下，甚至让顾客脱离菜单，也能点到心仪的菜。

14. 开店误区

很多餐饮品牌在一、二线城市的生意很火，但到三、四线城市，出现水土不服——加盟餐饮品牌，要三思而后行。

15. 开餐厅最核心的能力

开餐厅有几个核心的能力：创新能力、研发能力、营销能力等。排在第一位的，其实是产品能力。

16. 对员工好点

餐饮行业的服务对象是顾客，但是在餐厅直接服务顾客的一定是员工。因此，餐饮行业基本逻辑就是，老板去服务员工，员工去服务顾客。要想把顾客服务好，老板先去把员工服务好。

17. 半份菜到底该不该做

有的餐厅提供半份菜，做着做着就不做了，为什么？因为没有利润，炒一份菜和炒半份菜的成本有时候是没有太大区别。如果真的想做，就选几道菜，或者调整定价，满足顾客需求。

18. 把自己的店做好再做加盟

很多人都看到加盟的这块"肥肉",决定对外加盟之前一定要把自己的店做好。如果目前你的店没有可复制性,硬让别人加盟,最后不仅害了加盟者,还害了自己,因为别人损失的是钱,而你损失的是信誉。

19. 好的服务不一定标准化

服务一定要真诚,态度真诚是第一位的,微笑就是服务的辅助,速度就是服务的基础。好的服务是适合自己且满足顾客的服务。

20. 做专业的事

任何时候一定是专业的人做专业的事,自己不会做的就交给专业人士做,餐厅经营者一定要学会花钱购买别人的时间。让自己成长并带领员工成长,这才是企业做大的基本要素,也是企业发展的核心逻辑。

21. 光好吃是不够的

随着餐饮的竞争越来越激烈,产品同质化越来越严重。一定要在好吃以外的部分努力,要让更多的人知道这家店不仅菜品好吃,其他的某一方面或某几方面也很棒。

22. 餐饮做的是什么

餐厅最重要的是卖菜。你应该研究的是怎么卖,卖什么,卖给谁?如何卖得更多?

23. 最大的成本是传播成本

餐厅的人工、房租、原材料都可以被客流摊薄,而传播的成本除了人、财、物的消耗,还有时间的消耗,时间的消耗是永远摊不薄的。

24. 生意不好,不要轻易换店长,换厨师

换来换去的结果,就是越来越不行,一个不如一个。生意不好,先找到根本问题,再去解决。

25. 不要头脑一热就开干

看到一家餐厅的毛病很多,生意却很好,便认为,自己开一家店,

生意肯定比这家店好。很多做餐饮的新手，就是这样走上这条路的。其实是你只看到了人家的毛病，没有弄清人家生意好的原因。

26. 要有"考古"精神

餐饮经营者学习他家的成功经验，不要照搬照抄，要有"考古"精神。什么是"考古"精神呢？就是知道这家店从一开始是怎么做的，从根上挖出这家店成功的原因，找到经营的核心。注意，做产品和做营销都要学会"考古"。

27. 要有产品思维

当餐厅经营者的思维上升了到产品的维度，看事情的眼界、处理事情的方法都会变。一切顾客可见的东西都能称为产品。

28. 你的原材料好，要让客人知道

有的餐厅经营者说：我的店所有的原材料都是最好的，我每天到市场精挑细选。对此，顾客知道吗？如果顾客不知道，这有什么意义，孤芳自赏？这才是最可怕的。很多餐厅的食材很好，味道也不差，但是只有自己知道食材好。在供大于求的时代，主动出击才是王道。

29. 警惕市场空白

一些餐饮经营者突发奇想就找到一个市场没有的项目。在如今信息过剩的时代，市场没有的项目，不是别人没有看到这个项目，而是这个项目没有市场。你想做一个项目，如果市场上没有成功的，就不要去做。时间很宝贵，做正确的事，才能把事做正确。

30. 稳定也是制胜法宝

很多餐厅的菜品并不算太好吃，但是生意还可以。究其原因，最关键的就是人家做到了每次都是一个味儿，也就是菜品质量稳定。

31. 做会员营销就是要收钱

会员营销方案＝收钱方案。记住收不到钱的方案，不是好方案。

32. 做到菜品规范化

餐饮经营者想尽一切办法去规范菜品，菜品规范了，才会有更多

的发展机会。

33. 用好短视频平台

不少短视频平台都是免费的，为什么不用？短视频会给餐厅创造更多的机会。如果不知道怎么做，看看别人是怎么做的。

34. 要想尽办法与竞争对手区分

如果你的餐厅跟别家一样，说明你做得不怎么样。任何一个行业、一个品类，都有领跑者和追随者，一定要做领跑者。

35. 每月至少做一次营销

顾客的记忆容量是有限的，且不会每天来你的店消费。如何让顾客记住你的店，是一门学问。每月至少做一次营销，强化顾客的记忆。不要说顾客不在乎，重要的是你是否在乎顾客的想法。

36. 从产品用途来设计产品

一家店是一个产品，一家店所有的元素都是产品，既然是产品，就要用产品思维来解决问题。从用途的角度看，可以分为有用之用和无用之用。什么是有用之用？菜品是用来吃的，能填饱肚子，这是有用的。什么是无用之用？菜品能够引发顾客拍照、分享。看似没用，实则有用。

37. 餐厅经营者不是陪酒师

一些餐厅经营者对自己的工作没有定位，觉得每天陪重点顾客就是最重要的工作。这种做法是不对的，餐厅经营者的工作就是思考如何做好经营，如何让店里更赚钱，而不是每天陪顾客吃饭喝酒。

38. 企业的竞争永远在两条战线上

一方面是获取优秀人才的人才之战；另一方面，要把营销的理念变成内部的共识，以赢得顾客争夺战。

39. 再小的个体也有自己的品牌

再小的个体也有自己的品牌，再小的店，也有自己的商业模式。人有高矮胖瘦，企业有大小，而品牌建设是不分企业大小的，餐饮企业也一样，要打造自己的品牌、自己的商业模式，用品牌来提升顾客对餐厅的认可度，让顾客记住自己的品牌、认可自己的商业模式。

40. 尝试加入一个圈子

当你加入一个爱学习的圈子，你就会变成一个爱学习的人；当你加入一个爱喝酒的圈子，你会变成一个会喝酒的人。餐厅经营者要尝试加入一个圈子，可以是学习的圈子，也可以是经营的圈子，用圈子的好理念来提升自己的经营水平。

41. 设计一个好的商业模式

商业模式是成功的基础，商业模式没有设计好，再努力也没有用。到底什么是好的商业模式？好的商业模式就是开店的赚钱方法论。

42. 最好的管理方法就是持续激励

员工的智慧与斗志，都是激发出来的。每一个员工都是潜力股，都有成为优秀员工的潜力，就看经营者怎么激发他。与员工一起吃工作餐，让员工与经营者没有距离感。

43. 营销是持续性的投资

营销不是做一次就完事了，要有持续营销的思维。作为一家餐厅经营者，就是向顾客卖产品。生意好的餐厅都是营销驱动型的。

44. 做营销一定要去实战

做营销不能纸上谈兵，也不要道听途说，跟有结果的人学习，因为结果不会撒谎。

45. 做营销就是把玉米粒变成爆米花的过程

首先要有足够好的玉米粒，还要找到好的爆米花机，才能把玉米粒变成爆米花。营销也一样，首先要有足够的资源，才有可能变成切实的营销实践。

46. 菜品不是越多越好

餐厅有一个主打菜品或者特别大的菜品就够了，尽量不要太多元化。要把精力、人力、物力、财力聚焦到一点，也就是集中优势兵力，做好一件事情。干的事越多，意味着失败得越快。

47. 营销策划是一家餐厅的灵魂

如果你家的菜品很好，却卖得不好，一定是营销出了问题，营销策划是一家餐厅的灵魂。在菜品确定下来以后，就要把营销做起来。再好的产品，没有"灵魂"，也很难坚持下去。

48. 把一家餐厅开好，一定要记住两句话

同一个时间只能干一件事，同一个时间节点只能做一件事——聚焦，才能把事情做到极致。

49. 开店之前一定要注意两个问题

第一，要有悟性。没有悟性，不要去创业。一个有悟性的人，才能成为一个领导者。

第二，要有勤奋和吃苦的精神。餐饮行业不是谁想干就能干的，只有勤奋和能吃苦的人，才能坚持下去。

50. 做餐饮要做好三大创新

一是管理创新。让员工发挥主观能动性，降低经营成本。

二是产品创新。产品不是自己觉得好吃，而是客人觉得好吃。

三是营销创新。用最低成本获得最大的产出、最高的营业额。

本节小结

营销直接关系到餐厅的发展速度和规模，根据顾客的需求来设计营销方案。营销不是把钱花出去就行，而是有高度的责任心。另外，需要牢记的是，菜品是第一位的，菜品不过关，再好的营销也没有意义。

思考作业：赚钱的50条心法，最触动你的是哪几条？

001：_____。

002：_____。

003：_____。

升级篇

如何轻松做好锁客营销

第五章　快速锁客，持续转化

在市场日渐饱和的情况下，只会做菜的餐厅将越来越没有竞争力，而在保证餐品品质的前提下，各类营销活动运用得当能起到明显的促销引流效果。前面主要讲的是用各种营销手段引流——把顾客引到餐厅，接下来要做的就是锁客——让顾客成为餐厅的铁杆粉丝。

第一节　锁客的目的

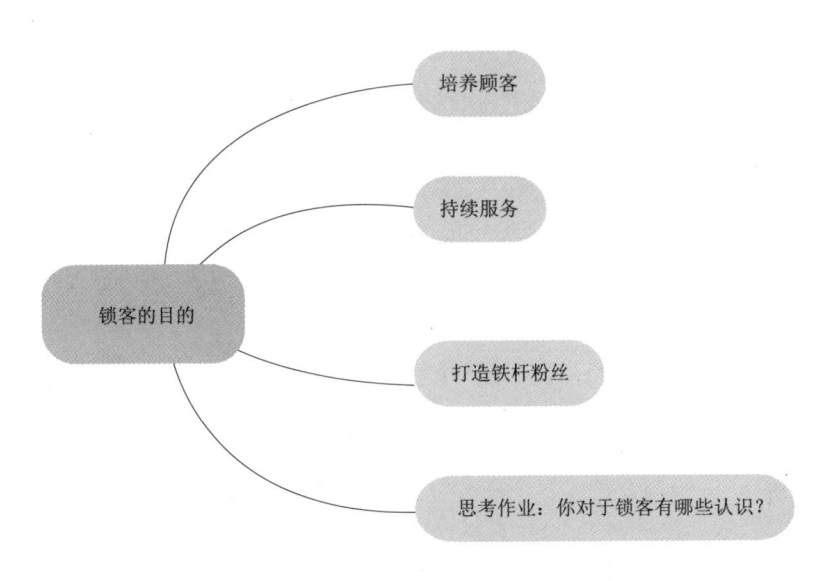

```
                    ┌─────────────┐
                ┌───│   培养顾客   │
                │   └─────────────┘
                │
                │   ┌─────────────┐
┌──────────┐   ├───│   持续服务   │
│ 锁客的目的│───┤   └─────────────┘
└──────────┘   │
                │   ┌─────────────┐
                ├───│  打造铁杆粉丝 │
                │   └─────────────┘
                │
                │   ┌──────────────────────────┐
                └───│思考作业：你对于锁客有哪些认识？│
                    └──────────────────────────┘
```

我在跟很多餐饮经营者沟通的时候，喜欢问一个问题：你开店的目的是什么？很多经营者都说是为了"赚钱"。没错，赚钱是我们锁客的一个目的，也是根本目的。

下面把锁客的目的进行拆解。

01　培养顾客

先讲一个简单的事例。有一个卖菜的，每个月赚五六千元，他借鉴了超市办会员卡的营销方式，顾客买菜可累计积分。月底根据顾客买菜金额的多少，分别享受不同的优惠。

比如，张三本月买了500元的菜，就给5个点的返利，即月底返给张三25元的菜。这个方式吸引了不少家庭主妇每天习惯性到店里买菜。

这个卖菜人的成功之处并不是简单地借鉴了超市的促销方法，而是把追求顾客单次购买的利润转向了追求顾客的终身价值。

销售的本质就是培养顾客，获取利润。对于餐饮企业来说，所谓顾客就是付钱的人，有顾客才会有钱赚，顾客是餐厅的生意之本、赚钱之源。

优秀的经营者和普通经营者最重要的区别就是，优秀的经营者心里有顾客，是围绕顾客做生意；而普通的经营者心里只有产品，是围绕着如何把菜品卖掉来经营。

心中有顾客的经营者，每天想的是如何与顾客建立并维护好关系，培养一批愿意与餐厅打交道，愿意到餐厅吃饭的人。

心中有产品的经营者，每天想的是做好产品，而忽略了顾客，认为顾客的价值就是为餐厅贡献的利润，顾客的价值其实是远远超出想象的。

02　持续服务

很多餐厅经营者只注重到店服务，而忽略店外服务。这里的持续服务不是说顾客来消费了就提供服务，而是跟进式服务，即对顾客进行持续跟进的服务。

对于餐厅来说，不是顾客办理会员卡就算服务了，以后只要在店里等顾客上门就可以了。这样的服务不是跟进服务，不是持续服务。顾客办完会员卡，就建立了餐厅与顾客长期沟通的渠道，餐厅有了与顾客长期沟通的理由，也创造了餐厅为顾客持续服务的机会。只有提供持续服务，才能提高顾客的消费频次。提高消费频次，才是持续服务的目的。

2020年7月，我在一家知名的烤肉连锁品牌店办了一张卡。当时，这家店承诺送三个赠品，本次或下次可以享用。因为点餐太多，所以当时没有用。服务员说，下次来就可以了。10月，等我再去的时候，被告知，这个赠品有59天的有效期，已经过期了。店员还在强调，办卡时已经告诉我了。事实上，当时我只是付了钱，结了账，并未收到任何赠品有效期的提示。

然而，既来之则安之，我们还是在这里吃了饭，但是，我下次一定不会再来了。设置了门槛儿，却忽略了顾客体验。我相信，在这家店每天都在发生这样的事情，他们可能每次都是同样的处理方式，顾客还会再来这家店吗？

这家店就是没有持续服务的思维，如果顾客在办卡时提示赠品的有效期，在适当时机通过手机短信或微信提示顾客，相信这样的持续服务，一定会带来回头客，顾客的消费频次也会增加，有了消费频次，利润还会少吗？

03 打造铁杆粉丝

锁定顾客的一个目的就是打造一批铁杆粉丝。如果是一家100平方米到200平方米的餐厅，有500~1 000个铁杆粉丝，就非常厉害了。

本节小结

培养顾客，持续服务，打造铁杆粉丝。做任何事情，一定要有长期的思维。所谓的长期思维就是，从长远的维度上去考虑，应该做什么事情，应该怎么去做。

思考作业：你对于锁客有哪些认识？

001：_____。

002：_____。

003：_____。

第二节 锁定顾客的六大误区

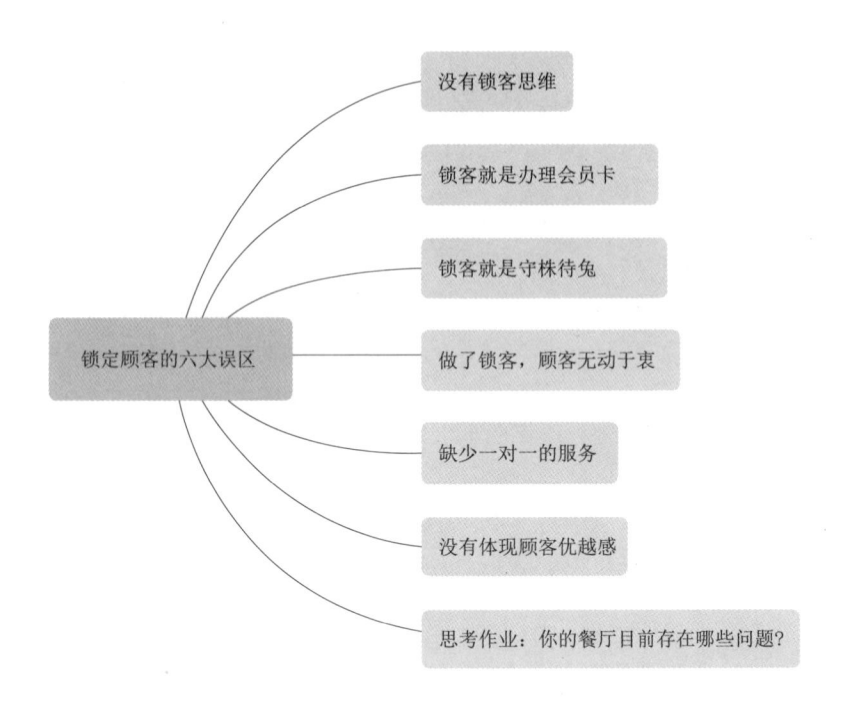

```
                         ┌─ 没有锁客思维
                         │
                         ├─ 锁客就是办理会员卡
                         │
                         ├─ 锁客就是守株待兔
                         │
     锁定顾客的六大误区 ──┼─ 做了锁客，顾客无动于衷
                         │
                         ├─ 缺少一对一的服务
                         │
                         ├─ 没有体现顾客优越感
                         │
                         └─ 思考作业：你的餐厅目前存在哪些问题？
```

对于餐饮企业来说，锁客就是为了让自己的餐厅业绩越来越好，顾客越来越多。只有顾客多才能产生更多的业绩。但是不少餐厅走进了锁客的误区，我们要了解这些误区，引以为戒。

01 没有锁客思维

锁客的基础是如何有效地触达顾客，以及如何触达顾客？办理会员卡就是一种深度触达顾客的方式。很多餐厅经营者认为，办理会员卡就是做亏本生意，办理会员卡就是让利，这就是没有锁客思维的表现。锁客思维是锁定顾客终身价值，通过锁定顾客实现后端赚钱，用锁定的顾客寻找新的盈利增长点。

02 锁客就是办理会员卡

很多餐厅经营者认为，锁客必须要通过办理会员卡来实现，其实不然，锁客有多种方式，办理会员只是其中的一种方式，比如，在过去，很多经营者通过情感连接来锁客。

锁客不一定就要办理会员卡，在餐厅经营的不同阶段，可采取不同的方式。

03 锁客就是守株待兔

前面我提到的那家烤肉店，就是做了锁客之后，开始"守株待兔"了。等顾客二次就餐的时候才告诉顾客赠品已经过期失效，并没有采取任何的弥补措施，因此，顾客的消费体验非常不好，最终会失去顾客。

为了让顾客体验好一点，保持顾客留存率，应该怎么做呢？在办理会员卡的时候都会登记顾客的电话，可以在59天之内致电顾客，提示消费日期。这样即使顾客不来，也不会觉得餐厅服务不好，反而会觉得自己得到了尊重，心里也会舒服。我相信，80%以上的顾客都会再来消费。从商家的角度是对自己负责，从顾客的角度是对顾客负责、对顾客体贴，为什么不做呢。

04 做了锁客，顾客无动于衷

有一些餐厅构建了会员锁客体系，但是顾客无动于衷，几乎没有顾客愿意办理会员卡，为什么？这其中的原因有很多，主要原因就是没有见证系统，没有成交系统，没有沟通技巧体系培训，更没有做任何的布局。

05 缺少一对一的服务

办理会员卡之后就要提供一对一的服务，一对一的跟进，这样才能体现出会员与普通顾客的区别，尤其是一些大的餐饮店更要注意一对一的服务。一对一的服务有很多方式，如线上沟通，线下接待。一对一的服务会让会员有更好的体验，也让会员感到安全和舒心，有了一对一的服务，会员才愿意持续续费。

06 没有体现顾客优越感

顾客办理会员卡之后，就要提供对应的会员服务，让会员有一种优越感。优越感最主要的就是会员权益的体现，如我们去银行办理业务，如果有VIP卡就优先办理业务。这样才能产生优越感——"我"跟其他顾客不一样。

本节小结

本节分享了锁客的目的。锁客目的是赚钱，从这个目的出发，让顾客持续消费，持续为顾客服务，打造铁杆粉丝。

锁客有六个误区：没有锁客思维；锁客就是办理会员；锁客就是守株待兔；做了锁客，顾客无动于衷；缺少一对一的服务；没有体现顾客优越感。

思考作业：你的餐厅目前存在哪些问题？

001：_____。

002：_____。

003：_____。

第六章　做好一场锁客活动

拥有锁客思维，还要懂得锁客方法，在这一章我按照锁客的流程来讲，方便餐厅经营者按照相关步骤实践。

第一节　设定目标

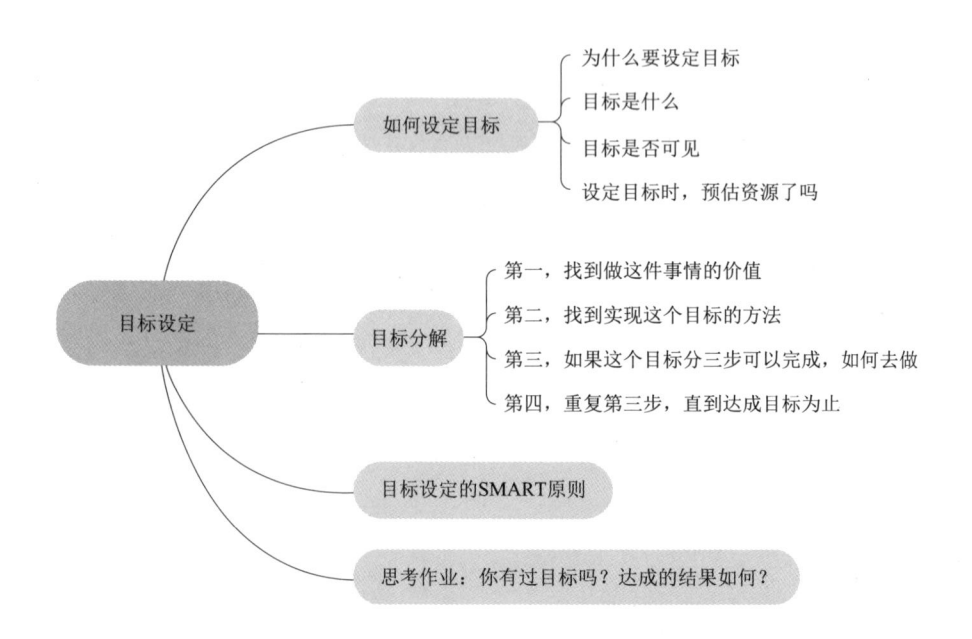

```
目标设定
├── 如何设定目标
│   ├── 为什么要设定目标
│   ├── 目标是什么
│   ├── 目标是否可见
│   └── 设定目标时，预估资源了吗
├── 目标分解
│   ├── 第一，找到做这件事情的价值
│   ├── 第二，找到实现这个目标的方法
│   ├── 第三，如果这个目标分三步可以完成，如何去做
│   └── 第四，重复第三步，直到达成目标为止
├── 目标设定的SMART原则
└── 思考作业：你有过目标吗？达成的结果如何？
```

如果餐厅经营者没有目标，员工就不知道要干什么。要想餐厅经营顺畅，有利润，餐厅经营者必须设定目标。设定的目标要以结果为导向，结果要提前告知员工，要深入人心。

锁客主要做的是销售的工作，它的结果是什么呢？

结果 = 目标 + 路径 + 行动。

首先，餐厅经营者要正确地制定目标，如，设定储值 20 万元；其次衡量这个目标是不是能够完成，有多大把握完成——要设定可以完成的目标；最后，把总体任务进行拆解，精确到每一个员工，落实到具体负责人，这样执行起来更加精准，目标更容易实现。

01 设定目标的路径

我曾经在线上训练营里面做过一个调查，问很多经营者：你的目标是什么？很多人写的是多挣钱。这就是一个模糊的概念，这种目标就是无效目标，等于没有目标。餐厅经营者要学会设定目标。下面，我从四个板块讲一下如何设定目标。

1. 为什么要设定目标

一个人没有目标会懒惰，一个团队没有目标会成一盘散沙。这对经营者来说，也是一样的道理。目标决定未来的发展方向，以及能够有多大的成绩。目标与方向、结果都是息息相关的。用一句话来概括就是，目标决定结果。如果没有目标，怎么能得到结果呢？

2. 目标是什么

有些人设定的目标是伪目标。什么是伪目标？就是目标设定的不符合实际，并不是自己真正想做的事情，或者能做成的事情，更没有实现目标的路径。比如，有的经营者说，我今年要开 10 家店，这就是我的目标。到了年底，发现自己只开了 2 家店，这样的目标还是目标吗？当然，这要排除外力因素。

在这里，只要问一个问题就可以判断你的目标是不是伪目标。如何判断呢？问一个问题：为什么要开 10 家店？你能说出一个打动自己，让自己昼思夜想，甚至兴奋的理由吗？如果说不出来，那么你的目标就是一个伪目标、假目标。

一定要清楚，为什么要做这件事情，再去设定目标。当你不知道做这件事情的重要性的时候，就会出现一个问题——三天打鱼两天晒网，不愿意坚持，不愿意付出。最后发现目标根本就没有实现。

很多人的目标只是一个想法而已，为什么说只是想法而已呢？就是说既想做这个，又想做那个，这山望着那山高。还是以一年开 10 家店为例，一年 12 个月，几乎 1 个月就要开一家店，也就是说我们每个月都有一家店在装修。当然，也有可能几家店同时装修。我想表达的是，做任何事情，先要对事情进行梳理，先规划，再设定目标。

另外，不要同时有好几个目标，目标多了会分散精力。这好比你手里同时拿着两个苹果，不知道到底要先吃哪一个。当你的目标太多，还会出现一个问题——只有想法，没有行动。

当你只有想法而没有行动的时候，那么结果就会等于 0。说到这里，你有必要思考一下，你的目标当中哪些是真正的目标，哪些只是实现目标的方式？实现目标的方式有很多种，当你把方式作为目标时，就觉得很痛苦，明明知道不适合做，还要硬撑着做。

3. 目标是否可见

这也是一个关键问题。什么是目标可见呢？目标可见就是设定的目标可以看得见，甚至可以摸得着。

把目标告诉亲戚、朋友或者身边的人，让他们监督你——建立监督机制，这样有助于完成目标。

4. 设定目标时，预估资源了吗

如何设定目标呢？设定目标时，首先要解决目标颗粒度的问题，也就是说，先要确定设定目标的大小。能轻松做到的是小目标，需要努力和付出才能够实现的是大目标，实现不了的目标是梦想。

目标设定得非常好，也有很强的画面感，但就是实现不了，为什么？因为缺少最重要的一步，即如何让目标落地。众所周知，实现目标需要一定的时间、精力，甚至是金钱，但很多时候设定目标时并没有去预估资源，尤其是时间资源。到真正去朝着目标努力时，才发现资源不足以支撑目标的实现。也就是说，只有列出每一项的需求，才不会做无用功。自己设计的目标不是不够好，而是没有算好资源——目标不是最重要的，最重要的是让目标落地。资源是目标实现的根基，只有合理配置资源，才能实现目标。

02 目标分解

设定好目标以后，要把目标分解成一个小的步骤，安排到每日的日程当中，就能够实现自己的目标。

如何把大目标进行碎片化的分解呢？有以下四个步骤：

第一，找到做这件事情的价值；

第二，找到实现这个目标的方法；

第三，如果这个目标分三步可以完成，如何去做；

第四，重复第三步，直到达成目标为止。

从目标设定到目标分解，再到目标执行，其实就是三步。在这三步当中，最后一步，也是最关键的一步。如果不去做最后一步，那么，前两步就是在做无用功，没有任何的意义，只是浪费时间而已。

对于锁客目标来说，锁定顾客一定要设定目标的边界。目标边界主要是两个维度，一是锁客数量，二是储值金额。

在这里，我要强调一句话：目标不是在于设定，而是在于执行。

接下来，希望餐厅经营者好好思考以下问题。

餐厅今年的目标是什么？

餐厅每月的目标是什么？
餐厅每周的目标是什么？
餐厅每天的目标是什么？
今年的学习目标是什么？
今年的生活目标是什么？
你的财富目标是什么？

03 设定目标的 SMART 原则

目标决定结果，如何轻松设定目标，是每个餐饮企业经营者必须学会的。SMART 原则是为了利于员工更加明确高效地工作，为管理者将来对员工实施绩效考核提供了考核目标和考核标准，使考核更加科学化、规范化，更能保证考核的公正、公开与公平。

S	Specific 明确性	目标制定要明确、具体，不要模棱两可
M	Measurable 可量化	不能量化的目标，后期无法追踪、考核和评估
A	Attainable 可实现	目标制定务必现实，好高骛远没有意义，目标过低也不可取
R	Relevant 相关联	只有目标和完成目标的人紧密相关，才有意义
T	Time 时效性	把目标拆分成几个小目标及对应完成时间节点

本节小结

本节分享了目标的设定、流程和方法，重在帮助餐饮企业经营者更好地落实。从目标设定，到目标分解，再到目标执行，其实就是三步。目标要可见、可量化、可执行。

思考作业：你有过目标吗？达成的结果如何？

001：_____。

002：_____。

003：_____。

实战工具：经营目标设定表

参考问题	目　　标
餐厅今年的目标是什么	
餐厅每个月的目标是什么	
餐厅每天的目标是什么	
你今年的学习目标是什么	
你今年的生活目标是什么	
你的财富目标是什么	

实战工具：锁客目标设定表

锁客计划表			
年　月　日		星期：	
今日营业目标			
完成营业目标			
今日售卡目标			
完成售卡目标			
今日售卡分配			
今日售卡标杆			
今日办卡注意事项			
任务完成报表			
明日计划书			
备注			

第二节　锁客的四大卡项设计

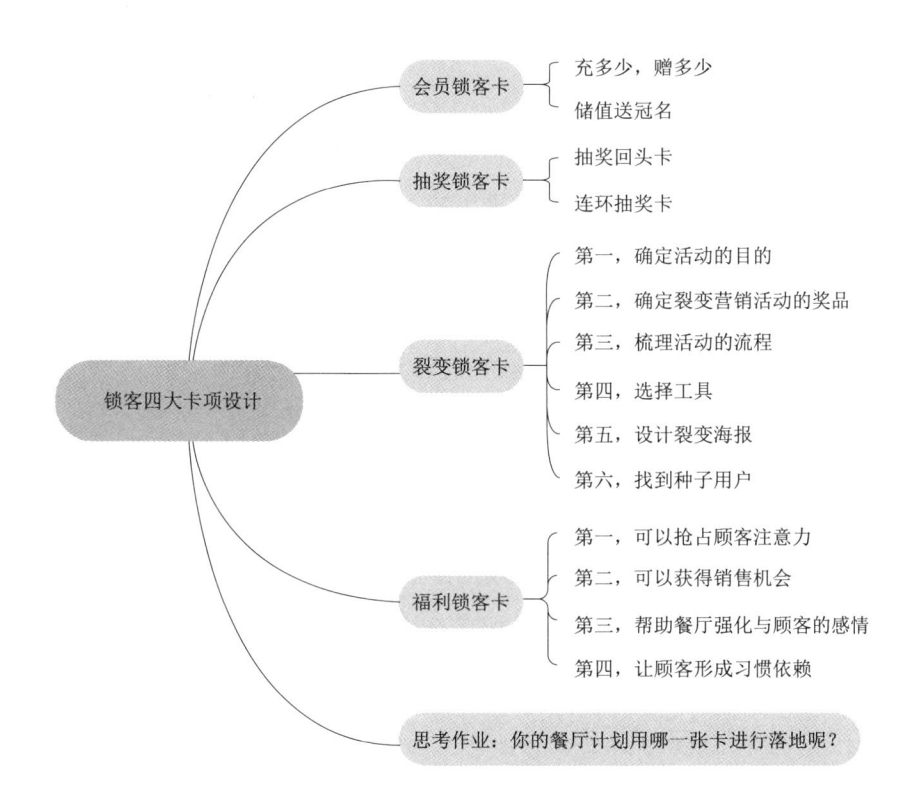

```
                                    ┌─ 充多少，赠多少
                      ┌─ 会员锁客卡 ─┤
                      │             └─ 储值送冠名
                      │
                      │             ┌─ 抽奖回头卡
                      ├─ 抽奖锁客卡 ─┤
                      │             └─ 连环抽奖卡
                      │
                      │             ┌─ 第一，确定活动的目的
                      │             ├─ 第二，确定裂变营销活动的奖品
                      │             ├─ 第三，梳理活动的流程
  锁客四大卡项设计 ───┼─ 裂变锁客卡 ─┤
                      │             ├─ 第四，选择工具
                      │             ├─ 第五，设计裂变海报
                      │             └─ 第六，找到种子用户
                      │
                      │             ┌─ 第一，可以抢占顾客注意力
                      │             ├─ 第二，可以获得销售机会
                      ├─ 福利锁客卡 ─┤
                      │             ├─ 第三，帮助餐厅强化与顾客的感情
                      │             └─ 第四，让顾客形成习惯依赖
                      │
                      └─ 思考作业：你的餐厅计划用哪一张卡进行落地呢？
```

很多经营者认为，办理会员卡是锁客的主要形式。其实不然，锁客有很多种形式，接下来重点介绍四种方式。这四种方式可以单独使用，也可以组合使用。

01　会员锁客卡

很多餐厅都在做会员营销，大体上有两种会员卡形式，一种是储值会员卡，一种是打折会员卡。储值会员卡，在锁客方面有优势，一方面，会员储值后基本100%锁定了，会员流失率比较低；另一方面，使餐厅的资金链更加灵活。但办理储值会员卡有门槛儿，一般顾客会有顾虑。打折会员卡，操作简单，而且门槛儿较低，顾客容易接受。一旦顾客在这家餐厅办理会员卡后，就餐时会优先选择这家。

1. 会员的储值意愿

很多餐厅都在做储值活动，但是发现顾客参与的意愿比较低，即使顾客第一次储值了，消费完成后也很难有续充的。

为什么会出现这种情况呢？

第一，作为经营者应明白，如果菜品不合顾客胃口，或者说顾客不喜欢整个店的装潢风格，是不会储值的。

第二，做营销就像谈恋爱，储值也是一样。只要顾客在这里吃顺嘴儿、跑顺腿儿，再储值就非常简单了，也就是说，要吸引顾客经常来消费。

2. 储值的注意事项

储值不是简单地让顾客把钱交了，现在来看一下储值的注意事项。

首先，储值的起点金额，一般是桌均消费金额的三倍。如果餐厅桌均消费是150元，储值卡的起点储值金额就是450元左右。

其次，做储值活动的时候，储值的目的一定要明确。做储值是吸引新顾客，还是回馈老顾客，要让顾客直接感受到餐厅是针对哪一群体做的活动，要与目标顾客进行对位。当然，这个对位应该充分考虑餐厅的定位、客单价和消费人群。

再次，赠品的设置要合理。做储值时，应该如何设置赠品呢？赠品到底价值多少最合适？这都是设置赠品需要考虑的问题。一般来讲，赠品占储值金额的15%以内，尽量不要超过15%——送得太多，则没有利润了，还会让顾客对储值金额产生怀疑。

最后，储值不要打折。很多餐厅，为了吸引顾客，对储值设置打折优惠。在顾客储值时，已经给了优惠和赠品，如果到消费时还参与打折，餐厅就没有利润了，即使客流很多，也不能实现经营目的——赚钱。在设计储值营销方案的时候，千万不要打折，打折就是对餐厅的伤害。

3.如何做好储值会员

会员储值的优惠方式有很多种，其中最常见的有两种：一种是储值多少元，赠多少元，比如，充200元送100元；还有一种就是会员充值多少元直接升级到某一个等级，从而享受该等级折扣。

（1）充多少元，送多少元

顾客充值500元，可以送他500元的代金券。500元的代金券可以进行拆分，拆分成5个100元；或者拆分成其他的金额。

每次消费多少元可以使用？

根据餐厅的定位、客单价和消费人群定，比如，消费满300元时可以使用一张100元的代金券。只有真正的消费，才能换来真正的抵扣。只有真正抵扣的代金券，顾客才会接受并使用。

另外，储值的同时，一定要建立沟通的渠道，留下顾客的电话或加微信，定时进行提醒。

一家餐厅采用储值赠代金券的形式该如何操作呢？

第一步，确定储值送代金券。

第二步，制作代金券以及相关的活动物料，比如，易拉宝、宣传海报。

第三步，设计沟通技巧、沟通流程。为什么要设计这些呢？很多餐厅也在搞储值活动，但是从来没有想过沟通技巧、沟通流程，致使储值效果不理想。其实沟通技巧、沟通流程是关键，因为员工的表达方式决定了成交结果。比如，充500元赠500元。一桌客人消费了370元，顾客结账时，员工可以说：您再加130元，就可以办理一张我店的会员卡了，今天办理，我们还送您500元的代金券……这样是不是更容易成交。

（2）储值送冠名

餐厅可以设定一个储值的额度，达到该额度时，顾客可按照自己想法命名餐厅的房间。大多数人都希望自己被别人所欣赏，希望被其他人所羡慕，希望得到其他人的称赞。通过满足顾客的优越感，达到锁客的目的。

储值送冠名或命名，就是把房间变相地"卖"出去。在储值的时候，服务员要与顾客沟通，储值的金额和使用期限要根据餐厅的定位、客单价和消费人群定，金额不能太低，使用权限一般为一年。

另外，储值送冠名还可以延伸。锁定顾客，把顾客变成销售员，顾客可以利用冠名房间来拓展业务，比如，某个冠名公司的其他人来这里消费，可以享受一个赠品或者直接提成，用冠名顾客帮助餐厅去拓展顾客，一举三得。

（3）储值送价值场景

与储值送冠名近似，餐厅可以把下午时段送出去。很多餐厅在下午时间段，大厅、包间等都是闲置的。除了送包间，还可以把下午时段餐厅可利用的部分进行价值包装——打造场景，进行价值营销。

打造什么场景呢？顾客除了吃饭以外，还在什么时候需要餐厅这样的场所？餐厅的空间适合社交聚会、临时会议、沙龙、生日聚会等，如果把餐厅下午时段打造出聚会的场景，会吸引不少顾客光顾。

在顾客储值之后，餐厅就可以送他闲置时段的使用次数。当然，是经过价值包装之后的场景。比如，充值500元送场所使用5次。当然，在500元当中，还可以包含送多少元的茶水、多少元的饮料、多少元的干果等。

4. 打折会员的设置

打折会员，一般是与会员等级挂钩的，会员等级越高，享受到的折扣就越大。会员等级则是由消费的累计积分所决定的，消费累计获得的积分越高，会员等级就越高。

02　抽奖锁客卡

抽奖锁客，就是让顾客参与抽奖，增加黏性，进行锁客。

针对会员抽奖，有以下三种方式。

第一种，顾客在办理会员卡的时候可以享受一次抽奖机会。

第二种，顾客在每个月的会员日可以享受一次抽奖机会。

第三种，顾客在节日，如端午节、中秋节和元旦等分别享受一次抽奖机会。

无论哪种抽奖方式，抽奖之前要把产品包装好，让顾客感知到、感受到产品的价值。

1. 抽奖回头卡

抽奖回头卡要设置较高的中奖概率——回头的顾客越多越好。

抽奖回头卡比较好操作，基本流程如下。

第一步，准备一个抽奖箱，准备似名片大小的卡片。

第二步，客人用完餐后结账时可以参与抽奖。

第三步，客人将姓名和电话写在卡片上，放入抽奖箱，并告知顾客，通知中奖者。

第四步，每桌参与人数要有限制，一般不超过3人。

第五步，分批进行电话通知，邀请顾客来领奖（可以每天通知一批，同桌客人不要冲突，分批分人邀约）——客人来领奖，不是领奖就走了，而是会用过餐再走，甚至带别人来，形成分享机制。

第六，领奖时可以和顾客合影，打造顾客见证展示墙，吸引顾客持续参与。

以烧烤店为例，看看抽奖的流程如何设计。

第一，确定抽奖的营销活动以后，准备相关物料——抽奖箱和卡片。

第二，布局抽奖流程，比如，顾客用餐结账以后参与抽奖，抽奖的方式非常简单，只要顾客把自己的姓名、电话写在抽奖卡上，然后投入抽奖箱就可以了。如果一桌的客人比较多，就限定人数，一桌最多3人参与。

第三，在设计好流程之后，一定要进行AB测试模拟的演练。服务员A和服务员B互为顾客，运用办卡沟通技巧进行场景模拟演练，让参与储值的员工掌握流程和技巧。

第四，做好活动宣传，形成有效传播。任何活动都要利用好线上线下渠道，提升传播度，让更多的顾客参与，达到活动的目的。

第五，活动开始后，作为餐厅管理者要全力做好监督，跟进每一个细节，同时每天进行活动反馈，通过反馈，进行沟通技巧的调整和迭代。

第六，客人参与以后，选定15天后进行电话通知，邀约顾客来领奖，同一桌的客人可以分批邀约。客人在领奖的时候，再抛出一个福利，引导顾客在餐厅就餐。

第七，活动结束要做好复盘，这场活动投入了多少人、财、物，转化了多少个会员？沉淀了多少元的储值金额，做好详细记录。比如，本次活动成功储值会员569位，实现收款114 800元。

2. 连环抽奖卡

餐厅发行一张抽奖卡，这张抽奖卡上有门头照片、菜品照片等。顾客看到这张卡，一是能刺激起食欲；二是能了解餐厅在做一件什么事情。这种抽奖方法有两个优点，第一，在高福利奖品的刺激下，人们是存侥幸心理的，参与度会很高；第二，站在餐厅的角度来说，中奖的比例有限，低投入能够吸引大量人气，也会带来高转化率。

那么，具体该如何操作呢？

第一，持卡到餐厅就享受三次抽奖机会，奖项可以设置一等奖、二等奖、三等奖，分别标出来。

第二，设置持卡到店兑换现金的福利。比如，顾客在抽完奖之后，只要留下这张卡，就可以兑换10元现金。顾客只要下次进店把卡交上来，可以获得10元现金，也就是说，无论是否中奖，不需要任何消费，这10元现金都可以得到。如果发出50张卡片，每张卡片10元，累计也就是500元，用500元的成本吸引50个，甚至50桌顾客进店消费。

第三，用10元现金换得更大的福利。顾客到店换取10元现金时被告知，这10元现金可以直接抵现30元现场消费额。同时，提醒持卡者，只有今天一次机会，没有卡的顾客一律按正常价。这样一来，大部分顾客会直接留下消费。

第四，用餐之后再进行二次抽奖。在抽奖箱里面，可以放一些代金券、裂变卡，让顾客变成销售员，帮助餐厅去开发顾客。

03　裂变锁客卡

裂变是营销的核心载体，最主要的方式就是通过社交的方式进行裂变。任何营销都不外乎两个作用：拉新和留存。拉新的目的是让新顾客来，留存的目的是让顾客重复来。

设计裂变卡，先要了解裂变营销。裂变营销要遵循一些原则，首先，遵循利益原则，要有利益驱使；其次，遵循关系原则，一家餐厅打通的是三个关系，经营者与员工的关系，员工与顾客的关系，经营者与顾客的关系。

一家餐厅的顾客越多，边际成本就越低，利润就越高。同样的人工投入服务更多的人，会使边际成本降低。

做任何事情都要把步骤设计好，把细节揣摩透，裂变营销也不例外。一般来说，裂变营销有以下六个步骤。

第一，确定活动的目的。做任何事情都应该先确定目的，做营销活动也不例外。比如，做裂变营销活动是为了卖新品，还是为了让顾客储值？在具体活动开始之前要设定好目的，有了确定的活动目的，接下来所有的工作才能围绕着目的来操作。

第二，确定裂变营销活动的奖品。也就是说，餐厅准备采用什么方式来回馈顾客。

第三，梳理活动的流程。用户如何参与，如何分享，如何领奖？要把活动流程梳理好，尽量做到滴水不漏，才能够去具体执行。有条件的话，可以在做之前进行模拟演练。

第四，选择工具。这里的工具是指传播的渠道，就是利用什么方式在这些渠道来传播？当然，可以利用一些免费的工具。

第五，设计裂变海报。裂变海报发布，要让顾客看到海报内容后无法拒绝。怎么做到让顾客无法拒绝呢？一定要进行价值埋设，也就是说，不要一次性给过多的信息，在店里实现的福利，顾客到店后才告知，不在海报里说明——但要在海报中提及。

第六，找到种子用户。你餐厅的种子用户是谁呢？可能是你的第一批顾客，可以把种子用户来拉出一个清单。

我来举个火锅店例子，说明如何进行裂变营销。

第一，确定这次裂变营销活动的奖品。如果是礼品，需要购买礼品；如果是代金券，就制作代金券。

第二，设计裂变海报。当然，海报可以以图片的形式发到朋友圈，也可以以印刷版的海报形式张贴在门店的显著位置，比如，门口、餐厅的收银台附近、餐厅的点餐区。海报的元素包括：奖励或礼品图片、引导转发文案、活动参与起始和结束时间、商家联系电话或微信。

第三，设计用户参与流程。用户如何参与？什么样的分享机制？分享的渠道是什么？分享的工具是什么？都要确定下来。比如，用户到店或通过朋友圈分享海报即可参与，转发到自己朋友圈截图后参与活动，到店后即可核销。

第四，进行裂变。首先要找到种子用户，让种子用户帮助我们进行裂变。如何找到种子用户呢？拉出一个清单，把联系方式找出来，进行一对一沟通，然后启动裂变。

根据餐厅的经营模式，按流程进行设计即可。

04 福利锁客卡

什么是福利锁客卡呢？所谓福利卡，就是不直接把福利发给顾客，而是站在引流的角度，用吸引顾客回头的方式发福利，是福利的一种转化形式，如，奖品领取卡。

福利卡有以下四个价值：

第一，可以抢占顾客注意力；

第二，可以获得销售机会；

第三，帮助餐厅强化与顾客的感情；

第四，让顾客形成习惯依赖，也就是我们之前说的路径依赖。

当顾客觉得自己占了便宜，他会主动付出的。

举个例子：

西餐厅月月送红酒：顾客花99元成为本店的会员后，送一个无门槛儿的消费卡，同时，再送一张赠品领取卡。

赠品是什么呢？价值199元的红酒，每个月在固定时间可到店领取一瓶，这就是打造一个让顾客回头的福利卡。

基本流程：

顾客餐后结账时，收银员与顾客沟通。沟通技巧是这样的：您今天加99元成为本店的会员，就可以领取价值199元的红酒，每个月来消费都可以领取一瓶，最多可以领取10瓶，而且今天就可以带走一瓶。

另外，为了进行促销，也要给服务员或者收银员进行提成，调动员工的积极性。

需要特别注意的是，每个月一定要在指定日期和顾客沟通，提醒顾客，引导到店消费。

本节小结

本节分享了四种锁客形式：会员锁客卡，有充多少、赠多少，储值送冠名；抽奖锁客卡，有抽奖回头卡和连环抽奖卡；裂变锁客卡的锁客方式；福利锁客卡的发放方式。

思考作业：你的餐厅计划用哪一张卡进行落地呢？

001：_____。

002：_____。

003：_____。

第三节 动力激活

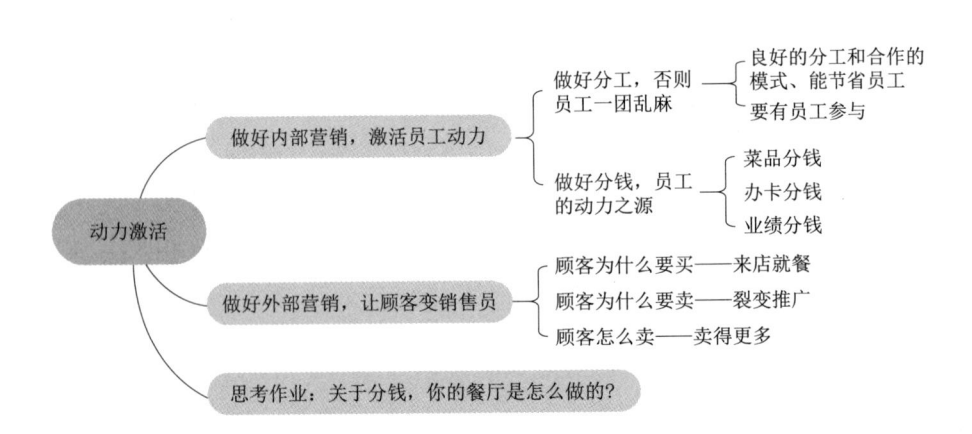

动力激活
- 做好内部营销，激活员工动力
  - 做好分工，否则员工一团乱麻
    - 良好的分工和合作的模式、能节省员工
    - 要有员工参与
  - 做好分钱，员工的动力之源
    - 菜品分钱
    - 办卡分钱
    - 业绩分钱
- 做好外部营销，让顾客变销售员
  - 顾客为什么要买——来店就餐
  - 顾客为什么要卖——裂变推广
  - 顾客怎么卖——卖得更多
- 思考作业：关于分钱，你的餐厅是怎么做的？

01 做好内部营销，激活员工动力

很多人不知道什么是商业模式，其实商业模式无非是解决两件事情，一是赚钱，二是持续赚钱。

做生意无非是解决两个问题，我的店能不能赚到钱，我的店能不能持续的赚钱。这是根本的，也是核心的问题。由此可见，所谓的商业模式，就是赚钱模式。

作为经营者其实解决的是两件事情，一是分工，二是分钱。只有分工而没有分钱，员工没有动力；只有分钱而没有分工，员工不但没有动力，还会斤斤计较。

有的经营者说，有钱大家一起赚，事实上真这样做了吗？未必。仅仅给员工画了一个大饼，却要求员工和自己一条心，能实现吗？不能。

让员工有动力，就要让员工与餐厅建立关系。但是，有多少餐厅经营者真的与员工有关系呢？

刘润团队的招聘信息值得大家思考："我通常会给出同行1.5倍的薪水，寻找能干2个人的活儿，产生3个人的结果，给你5倍的成长机会，但你不满足，却渴望10倍收入的人。"

说到底，这就是企业对提升单兵作战能力最好的承诺。一分钱一分货，一分钱一分人才。

我自己开餐厅时，给员工发的工资比同行多200元，为什么呢？我的逻辑是，虽然钱不多，但是在我这里工作，员工就会多一分优越感，而且舍不得走。

1. 分工：没有分工，员工一团乱麻

良好的分工和合作的模式，能使企业节省人力。对企业来说，提升"单兵作战能力"是重中之重。

如何分工呢？分工要有员工参与。我经常分享一个方法，这个方法非常好用。

给每一个员工一张白纸，让每一个员工写出从上班后到下班前，每一个时间节点都在做什么？然后进行汇总，看看每一个岗位的空白点是什么？根据空白点，进行排查确认。通过岗位互补、员工互补，实现组织优化，减少人员使用。

有一个咨询的客户，他的店就遇到冗员的问题：每天的营业额不到2万元，却有两个全职会计。这两个全职会计每天都在做什么呢？不言自明。在我看来，这样的餐厅的会计工作一个人用半天时间都能完成。所以，即使是雇佣一名会计，还可以额外安排其他工作，也就是一人多职。这家店约800平方米，有38个员工，如果把产品优化，人员优化，最少优化8人，省下来的就是利润。

部门越臃肿，效率越低下。对于锁客也是一样，把每一个工作节点进行分配，员工才能各司其职。

2. 分钱：做好分钱，员工的动力之源

关于分钱，有多种方式，如股权、绩效、合伙。我发现一个基本的逻辑，就是越简单，越好用。很多经营者学绩效、学股权，最后乱成一团麻，甚至产生了法律风险。想分钱，先从规避法律风险开始。

哈佛商业周刊一项调查显示：员工满意度提高3%，顾客满意度会提高5%，顾客满意度达到80%的企业，平均利润高于同行业的20%。所以，分钱一定要以员工满意为前提。所有的事情都是相互的，这就是作用力和反作用力，你怎么对员工，员工就怎么对你。员工满意度有几个要素：一是薪资，二是绩效，另外就是职业发展。通过分钱可以轻松实现员工自我管理。

对于餐厅经营者来说，激活员工动力，运用好以下三种分钱方式，足矣。

（1）菜品分钱

菜品分钱，员工卖出指定菜品或套餐，就有提成。这种分钱方式要设定基数，超过基数设定提成奖励。比如，基数设定为10份菜，超过10

份，每份提成多少元；或者设定阶梯制，超过20份，奖励增加。这样累计，让员工工作更有动力。

（2）办卡分钱

办卡分钱，就是顾客办理会员卡的提成。办卡分钱可以设置基础提成和总提成，这样来激励员工，也可以针对员工建立良性竞争机制，设置旅游、礼品等福利。

（3）业绩分钱

业绩分钱一定要前后分开，前厅落实到岗，厨房进行档口拆分，避免吃大锅饭。大锅饭的提成没有任何意义，分了等于没分。

对于分钱，我认为有一个最简单的标准就是，如果员工分了钱，而没有感觉，说明分钱机制需要调整和迭代。

下面分享一个案例。

这是一家面馆。

当时，这家面馆每天营业额是3 000元，租金是27万元，有13名员工。

经过设计，一个月的时间，营业额翻了4倍，除了打磨产品、打造文化以及营销之外，就是针对产品销售，对员工激励——一是产品的提成，二是办理会员卡的提成，让员工去帮助餐厅锁定顾客。

做任何事情一定是要以简单好用为原则，做绩效也是一样，很多餐厅经营者说，需要做绩效吗，怎么做绩效？当然需要，只是把这个绩效做得简单一些。

先看看这家面馆是怎么做的。经过重新设计、产品优化，做成面＋凉菜＋小吃这样一个结构。其中，面是一个利润点，凉菜是除了面以外的利润点。因为是面馆，顾客主要是来吃面的，没必要对面的推广做绩效设计。所以，针对凉菜销售做了一个绩效设计，素菜每天以5份为基数，超过5份，顾客每多点一份菜，负责凉菜的服务员可提成0.5元。荤菜，也就是含有肉类的菜品，以5份为基数，每增加一份提成1元。

原来每天卖20份左右的凉菜，经过调整每天可卖到40~50份，最多可以卖到70份。通过绩效把员工激活了，直接带来了一部分营业额的增长——从服务员的角度入手，实现了营业额的增长。

会员分成，会员设计了200元、300元、500元三个档位，分别做了分成激励。这样的激励有三点：

第一，即时反馈。每天的提成，当天晚上结算，第二天早上发放。服务员下班一路都在想这件事，为什么李四比"我"卖得多，办理会员卡也多，明天"我"要向他请教。第二天早例会，员工之间要进行分享，互相探讨，如何卖得更多，还不伤顾客。

第二，可视化。办理会员卡的数量和人员相匹配，制作一个KT看板，每天进行排名，通过排名产生比较，让员工更有动力。

第三，持续激励。除了办理会员卡的提成，设定总提成，让能者多劳，多劳多得。

02 做好外部营销，让顾客变销售员

外部营销，重点解决的是三个问题：顾客为什么要买？顾客为什么要卖？顾客怎么卖？

1. 顾客为什么要买——来店就餐

顾客为什么要买？这个问题的答案其实很简单，产品体验好、餐厅服务好、餐厅环境好，顾客就愿意来消费。

2. 顾客为什么要卖——裂变推广

让顾客有好的体验，有了好的口碑，顾客才愿意转介绍。

3. 顾客怎么卖——卖得更多

利益驱动：给到顾客利益，分好钱。

奖励驱动：不断推广，持续奖励。

荣誉驱动：奖励无感，荣誉驱动——授予顾客荣誉股东，荣誉产

品官等。

情感驱动：亲戚朋友，调动起来，为推广服务。

本节小结

本节讲述了动力激活，动力激活包含两大内容：员工和顾客。这说到底都是对人的驱动。做好内部营销，激活员工动力：做好分工，做好分钱。做好外部营销，让顾客变销售员，解决的是三个问题，顾客为什么要买？顾客为什么要卖？顾客怎么卖？

思考作业：关于分钱，你的餐厅是怎么做的？

001：_____。

002：_____。

003：_____。

第四节　引流渠道

从企业到个人，都在挖掘引流的路径。从引流到种子用户的口碑传播，都需要一定的时间。对于餐饮企业经营者来说，在引流过程中，需要关注顾客内心的价值感。没有人能预测到流量完全爆发的时间，在此之前，商家能做的就是积蓄力量，为流量的爆发做好准备。

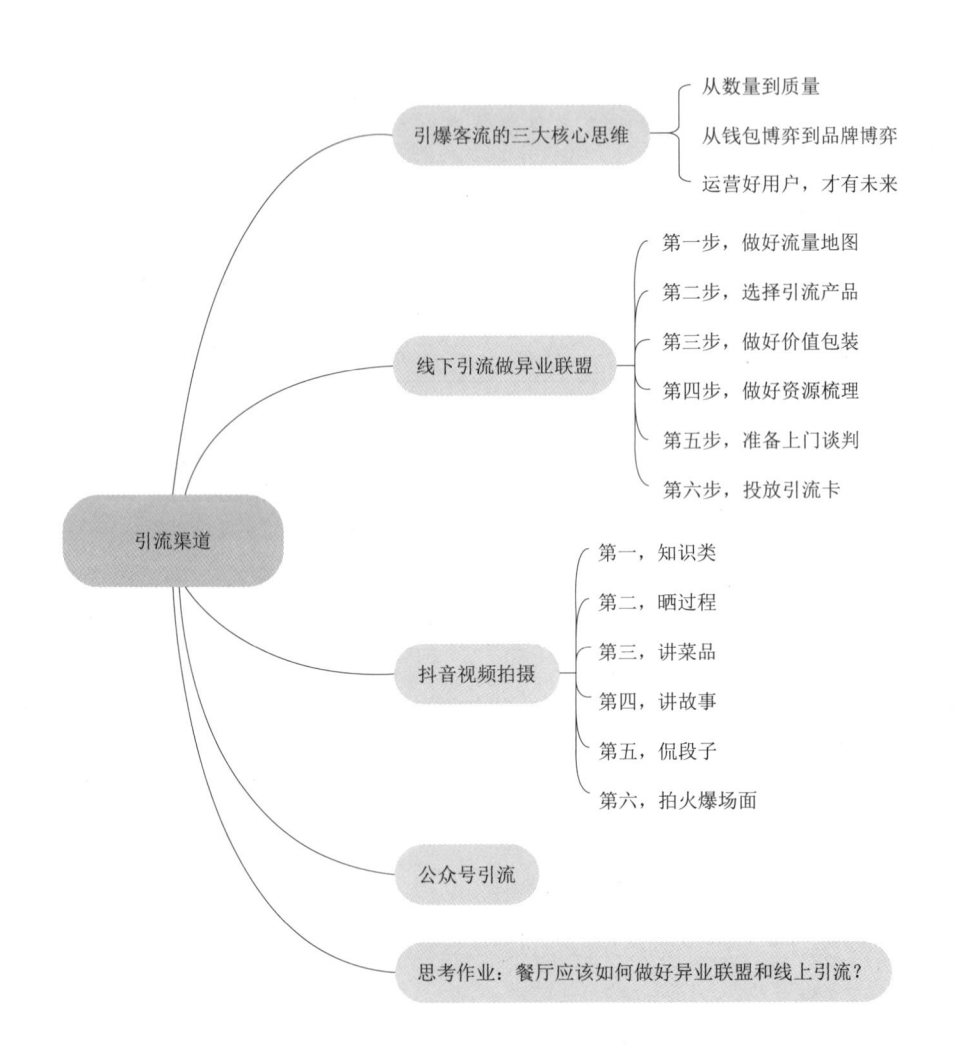

- 引流渠道
  - 引爆客流的三大核心思维
    - 从数量到质量
    - 从钱包博弈到品牌博弈
    - 运营好用户，才有未来
  - 线下引流做异业联盟
    - 第一步，做好流量地图
    - 第二步，选择引流产品
    - 第三步，做好价值包装
    - 第四步，做好资源梳理
    - 第五步，准备上门谈判
    - 第六步，投放引流卡
  - 抖音视频拍摄
    - 第一，知识类
    - 第二，晒过程
    - 第三，讲菜品
    - 第四，讲故事
    - 第五，侃段子
    - 第六，拍火爆场面
  - 公众号引流
  - 思考作业：餐厅应该如何做好异业联盟和线上引流？

01　引爆客流的三大核心思维

在流量之争愈演愈烈的时代，很多餐饮经营者总觉得自己企业的流量不够。随着很多平台流量布局不断调整，商家可以更有针对性地调整引流策略。对于餐饮企业经营者，要掌握引爆客流的三大核心思维。

1. 从数量到质量

很多餐厅经营者在顾客基础数量没有建立起来的时候，就想让顾客办理会员卡。这可能吗？数量是引爆流量的基石，顾客的基数与会员数量息息相关，而服务决定了顾客的质量——因为有了顾客基数之后，要做的是锁定顾客。如果顾客体验不好，会持续选择吗？

我们要不遗余力想尽一切办法，扩大顾客数量，然后，在大量的顾客当中寻找高质量的顾客，使其成为餐厅的优质顾客。

2. 从钱包博弈到品牌博弈

进过这几年的疫情，以家庭为单位的消费支出相对固定。换言之，顾客的消费趋于理性，此时，你的对手可能不是同行，而是捂紧了钱包的消费者。

从钱包博弈到品牌博弈，餐饮行业就要打造品牌，否则就没有机会。有的经营者会问：我的店经营的不是品牌，怎么办？那就要把店做得更像一个品牌店，这样才能占领顾客的心智，就像我给黄大妈木桶饭设计的这句广告语——天天都吃木桶饭，每次只来黄大妈。

这个口号给黄大妈木桶饭带来了什么呢？占领了顾客的心智。吃木桶饭的时候，顾客就会想到它，还会帮它传播。当然，这句话里面融入了购买理由和购买指令。在没有做任何营销活动的情况下，每个店业绩增长 500~2 000 元。

3. 运营用户才有未来

什么叫运营用户？我在微信朋友圈发过这样一段话：不做用户运营的企业，没有未来。为什么？

做生意一定要与顾客建立强连接，顾客每天接触的信息太多了，只要打开手机，各种 App 给发的广告、弹窗等信息，让人反感。

但是没有办法，竞争就是如此激烈。有经营者说，我不想让顾客加我的微信；还有的经营者说，顾客加我的微信了，但是我经常发朋友圈，会不会打扰到他？是不是影响他的生活？

记住，如果说顾客怕你影响，就不是你的铁杆粉丝，或者说不是你的忠实顾客。那么，应该怎么做？我经常要求合作的客户，在每一张桌子上都贴上餐厅的微信二维码，同时要设置利益驱动，刺激顾客添加二维码。

这样，就形成了加粉、养粉、影响粉的基本流程。餐厅经营者不但要添加顾客，要对顾客进行维护，还要影响顾客，把顾客变成餐厅的超级用户。因为超级用户的数量决定了生意可以做的规模。建立渠道和口碑的背后是建立关系，过去的生意是经营商品，如今的生意是经营用户。

那么，如何影响顾客呢？比如，发朋友圈，建微信群等。把你的餐厅变成一个资源连接器。当餐厅成为一个资源连接器的时候，与顾客的黏性是最大的，并且这个黏性是其他对手无法模仿的。比如，在疫情期间，不少餐饮企业都出现了经营问题，但有一家烤鱼店生意不但没有受任何的影响，反而业绩不断增长。那么，这家烤鱼店是如何做到的？因为烤鱼店老板在之前就建立了 20 多个 500 人的微信群，试想一下，这意味着什么？

如何搭建引流渠道，一般有线上获客和线下获客两种渠道。我有一个合作客户，他的餐厅因为位置比较偏，起初生意不太好，我给这家店设计了营销方案：一是进行店内调整，二是抖音引流。这家餐厅自带互动属性，拍视频也不缺素材——其实任何一家餐厅只要拍视频，都是不缺素材的，可以拍产品，也可以拍与顾客互动的过程流程、菜品制作的流程、买菜的流程等，当然，也可以发创业经历、励志故事等。

需要特别指出的是，这家店有一个特殊属性——可以钓鱼。院子里面有一个池塘，通过拍摄钓鱼的视频，进行传播。在钓鱼的环节上有一些细节的设计，以前是顾客自己带鱼竿来钓鱼，现在是餐厅准备好鱼竿，不管是否专业，都可以参与钓鱼，增加了顾客参与的意愿。

02 线下引流：如何把别人的客流吸引进店并主动消费

线下引流，除了餐厅的门头、产品服务以外，还要寻找顾客所在的"鱼塘"，也就是异业联盟引流。

下面的三句话，值得思考。

你的顾客也是别人的顾客。

你的顾客来店之前，还去过哪里？

你的顾客离店以后，会去哪里？

这三句话，就是顾客的行为路径。也就是说，顾客不仅仅来你的餐厅消费，有可能还去其他的地方消费，与这些地方合作引流，我统称为异业联盟。

做好异业联盟，可以培养餐厅的区域势能，通过强大的顾客基数，打造顾客势能，来吸引各种合作，进而实现后端赚钱。

换句话说，异业联盟，就是顾客资源的共享。做好异业联盟，有一个最基本的原则，就是站在顾客的角度，去帮助顾客，从而赢得顾客，实现三方共赢。那么，如何做好异业联盟呢？

第一步，做好流量地图

所谓的流量地图，就是要清楚流量来自哪里。餐厅经营者要找到目标客户匹配的商家。经营者要思考，自己的店如果是商场店，要与流量大的异业联盟合作；如果是街边店，要思考四个方向的流量布局，观察顾客多从哪个方向来，并进行用户调研，进而做出决策。

制作流量地图可以像选址一样，找到区域地图打印出来，或者画一个草图，拉清单，把异业商家进行标记，根据商家生意的好坏进行评级。

通过评级，挑选优质的商家进行合作。

有了流量地图，还要对商家有一定的了解，做好相关"功课"。

第二步，选择引流产品

如何引流？引流一定要有一个载体，这个载体是什么呢？就是引流驱动的产品，或者说是与异业联盟商家置换的产品。

引流产品要具备三个标准。

低成本：低成本不是成本极低，而是通过投入产出比来计算的一个相对较低的成本。通过批量采购，批量制作的产品，可以降低成本。

高价值：不但要塑造好引流产品的价值，还要与目标顾客匹配，否则顾客是感受不到产品的高价值的。比如，一家男士就餐比较多的餐厅送面膜，会有多少人需要呢？有个客户，之前就是这样做的，给男士送面膜，没人要。

相关联：引流产品一定要和餐厅的主营产品相关联，这样便于顾客后端消费。一般有以下几种引流产品。

（1）单品引流。所谓单品引流，就是选择一款爆款菜品进行引流，这款菜品不以营利为目的，甚至要舍弃利润，主要是吸引顾客到店消费。

（2）套餐引流。所谓套餐引流，就是选择一款套餐组合进行引流，同样，可能要舍弃利润。

（3）赠品引流。所谓赠品引流，就是利用赠品，吸引顾客进店消费。赠品来自两方面：一是自己购买的赠品，二是整合过来的礼品。

需要注意的是，无论是单品、套餐，还是赠品引流，一定要制作成引流卡。

引流卡的制作要求如下：

第一，材质要好，PVC材质的更好，千万不要用普通名片；

第二，设计一定要高大上，做好色彩搭配和设计，如土豪金；

第三，店名广告语不可少；

第四，引流产品的图片，一定要放上去，并体现出价格；

第五，一定要说清楚玩法、规则；

第六，一定要加上餐厅的公众号或微信号的二维码。

第三步，做好价值包装

无论是单品、套餐，还是赠品，一定要做好价值包装。整合赠品时，要确认赠品的价值。

第四步，做好资源梳理

利用好资源的附加价值。比如，店内墙面广告资源，外卖打包袋广告资源，外卖餐盒、餐具广告资源，店外墙体广告资源，店内下午时段闲置资源，包间广告资源，大屏幕广告资源等。这些都是可以包装价值，定出价格，作为杠杆资源来整合礼品，进行联盟引流。

需要特别注意的是，会员数量，是最大的成交杠杆。

第五步，准备上门谈判

关于谈判，主要是把控好三个步骤：谈判前、谈判中、谈判后。如果担心谈判结果，可以用下面的方法：谈判要有送礼物思维，比如，有了我的卡，你的产品更好卖，你的客户会更满意。

（1）谈判前做准备。

任何事情都来源于准备，谈判也需要准备。做好准备工作的目的是知道怎么谈判，以及在谈判的时候不犯怵，并且自信满满。

谈判前需要做好如下准备：

第一，需要准备会员卡包、引流卡、与其他商家合作的备忘录；

第二，餐厅的介绍，可以制作一个手册，哪怕只做一册，拿在手里，也会增加底气；

第三，准备一个礼物，送礼物的时机要把握好，如果对方比较冷漠，可以在谈判开始的时候送，如果对方比较配合，可以在中途送。在我看来，书是不错的礼品，当然，如果有其他的礼品，也可以。

（2）谈判中做转嫁。

第一，谈判场景。谈判时一定要有一个恰当的场景，你擅长在什么样的场景谈判，就引导对方去什么样的场景。

请记住，千万不要在杂乱无章的地方谈判，在人多的地方或在嘈杂的地方谈判，干扰因素特别多，双方都容易分散精力，不利于谈判。如果真出现了这种情况，怎么办呢？可以跟对方说，换一个地方谈吧。

第二，能量转嫁。以办公室场景为例，进入对方的办公室之后，看对方是怎么配合的，如果不配合呢？就要进行能量转嫁。

谈判的时候要带着笔和纸，一般谈判的环境是办公室，有两张办公桌，旁边有沙发或者椅子，供谈判客户使用。你就坐在沙发或者是椅子上，而对方是坐在办公桌的位子上。这个时候，你可能会感到压力大。其实，准备工作做得好，谈判也可以很放松。

谈判体现的是能量，如果对方比较盛气凌人，你应该怎么办？

可以采用能量转嫁。比如，可以让对方给你倒一杯水。

"你好，可以给我倒一杯水吗？"

或者说："你好，可以给我找一支笔吗？"

或者让对方找一些其他的东西——用得着的东西。

当对方为你做出一个举动之后，能量就会下降，因为他被你调动了。这就是能量转嫁，这种能量转嫁适合很多场合。

第三，降低对方能量。谈判中还可以使用降低能量的方法。比如，某家店的主导谈判的人非常厉害，不拿合作当回事。碰到这种情况，第一次谈判的时候，就要降低他的能量，怎么做呢？

可以把谈判分成两次，第一次去的时候，进店之后跟他说一声："今天我太忙了，正好路过这里。告诉您一声，我今天先走，哪天我不忙的时候再过来。"

这个时候，客户会感觉你是一个非常忙的人，如果不抓紧与你谈判、合作，有可能失去机会，随之他的能量就会降低。如果他非常需要跟你合作，之后就会主动联系你，你就可以在谈判中占据主导地位了。

如果对方是真的不在乎与你合作，那就说出他的竞争对手的名字，这样会形势大变，他可能就会主动跟你合作。

第四，带好谈判杠杆。谈判中还要有一个谈判杠杆——跟其他家的合作备忘录，利用谈判杠杆撬动合作。

谈判选择一般是由弱到强，由小到大，逐个击破。每一个异业商家，梳理两个名额，根据实际情况选择一个即可。

（3）谈判后做记录。

谈判以后，要进行记录。这种合作，可以做一个合作备忘录，增加仪式感。

谈判与做其他事情一样，只要做好准备工作，一切都能够迎刃而解。

第六步，投放引流卡

在发放引流卡时，一定限量发放，要与异业合作商家约定好，不要见人就送，即引流卡投放要设门槛儿。如果一个东西每天都能够得到，一般人都是不会珍惜的。大街上有一些商家发代金券，都被顾客扔进了垃圾桶。为什么？白送的东西，顾客感受不到价值。对于异业联盟合作而言，想要合作的异业商家感受不到你产品的价值，即使跟你合作了，也不会珍惜。

那么，如何设置引流卡投放门槛儿呢？有以下三个方法。

方法一：引流卡作为充值赠品。比如，只要在本店充值500元成为会员，就可以得到这张引流卡。

方法二：广告引流。比如，联盟商家可以在门口挂出条幅，消费满300元就可以参加抽奖，获得××餐厅的88元体验卡一张。

方法三：制造紧迫感。顾客已经消费400多元，告诉他消费满500元就可以获得这张引流卡，今天一共有50个名额，现在还有××个名额。

只有设置了引流卡投放门槛，顾客才会更加珍惜你给的卡。

03　线上引流：用好抖音和公众号

线下添加顾客比较容易实现，线上添加顾客存在一定的瓶颈——缺少信任感。因此，设计线上引流时要更用心一些。下面主要讲一下线上引流渠道。

1. 短视频引流

现在，视频引流已经成为大趋势，抖音、快手、视频号等短视频平台异军突起，餐饮行业利用短视频引流也如火如荼。

在餐厅流量开始形成的初期，需要通过引流或内容本身来吸引顾客关注，这个过程的核心就是"拉新"，让流量不断进入餐厅的流量池内。只有持续输出优质的短视频内容，才能够获取稳定的流量。

针对餐饮行业，从视频结构来讲，内容创作的基本逻辑主要有以下五种结构。

第一，知识类。

首先，可以用 2~7 秒的时间抛出日常的做菜难题。这个内容要有非常吸引力的标题，把这个论点提出来，视频的标题就是内容引流最好的引子，能够吸引用户。

接下来要给出解决方案，让用户有获得感。解决方案可以是三个步骤或者是三个知识点。

最后举一个生活中的例子，让用户有代入感。

第二，晒过程。

这里的过程，可以是菜品的制作过程或是菜品的体验过程。

首先，可以建立坡道的沟通技巧。建立坡道，开头文案可以是这样的。比如，为什么要看这支视频？

接下来，分享菜品的制作过程，也可以是顾客享用菜品的过程，这个过程可以是三段论——以一个一般性的原则（大前提）以及一个附属于一般性原则的特殊化陈述（小前提），由此引申出一个符合一般性原则的特殊化陈述（结论）的过程。

最后，做一下总结。文案内容要有引导性的评论和转发量，在视频的评论区引流，也是最为常见的一种引流方式。留言内容要与视频有一定的关系，如果内容是纯广告，肯定不会引发大量的点赞和关注。

第三，讲菜品。

首先，说清楚为什么要讲这个菜品。比如，某某（网红、大咖……）来过我们店，这是值得宣传的。

其次，菜品能给顾客带来什么好处或者是什么用途，或者说菜品的信任背书是什么。

最后，要说明顾客为什么要来。

第四，讲故事。

故事主要有三种：餐厅的故事、产品的故事以及创始人的故事。

首先，开头塑造神秘感，增强吸引力。告诉顾客为什么要看这支视频，设置秘密，引发兴趣。

接下来，引人入胜，巧妙地运用行云流水的语言技巧。

最后，这个故事能给用户带来什么启发、感受，用能够激发用户转化的语言说出来。

第五，侃段子。

段子就是一个吐槽法则，吐槽法则可以设置边界，不要超越边界。

首先，设置一个事件让用户无限吐槽。

其次，可以从 3~5 个角度设置出一个金字塔式的内容结构，提供一个吐槽有无限的观点。

最后，找出一个自己最喜欢的观点抛出来，引导用户评论、转发，或者用剧情反转，激发评论和转发。

如果你是一个段子手的话，你还会缺粉丝吗？

第六，拍火爆场面。

如果说以上五个结构你都不想去做，都感觉难。那就每天拍餐厅爆满的视频，火爆的视频可以配上音乐，简单且有效。比如，我们的一个合作客户，每天就在朋友圈、抖音，发自己餐厅顾客爆满、排队的视频，形成良性循环。

短视频拍摄没有太多的技巧，多拍就能找到适合自己的方法。平台判定视频火爆的三原则：点赞数、评论数、转发量，所以餐厅拍摄的视频要从这三个维度找增量。想要拍摄好的视频，文案很重要，这里提供三段求点赞数的文案，供参考。

文案一：直接求赞。手机有电的朋友们，先帮我点一个赞，就冲着屏幕点两下，支持一下。我都这样说了，你就帮我点两下，辛苦您了，上支视频您都忘点了。

想让别人点赞就直接说。

文案二：价值求赞。我已经拍了100多支视频了，每一支都很用心，让您在学习的时候，有个参考。点个关注吧，不要在需要我的时找不到我。

想让别人点赞就塑造价值。

文案三：用途求赞。××菜品这样做香嫩又好吃，您学会了吗？关注我，也许真的有点用。

想让别人点赞就强调价值。

拍摄视频、发布视频不是一朝一夕就能起到作用的，要有持续性，培养用户的习惯，用户才能转发、评论，才能转化为顾客。另外，经营者的精力是有限的，要发挥餐厅整体的作用，让员工能力最大化，一定要让员工参与视频制作，要员工各尽其能。

2. 公众号引流

公众号引流渠道有两种，一种是自有公众号引流，另一种是第三方公众号引流。公众号靠软文引流，这是一种不借助工具的引流方式，餐厅有营销活动可以直接发布软文。

一般情况下，获得活动资格有五种形式：

第一，转发文章到朋友圈获得活动资格；

第二，转发文章到朋友圈加微信获得活动资格；

第三，转发文章到朋友圈加指定点赞数获得活动资格；

第四，评论区留言获得活动资格；

第五，评论区留言点赞前三名获得资格。

公众号推文的文章结构：

第一，要有菜品图片，菜品图片要精美或者原生态，餐厅就是卖菜的，跟淘宝一样，线上销售就是卖图片；

第二，文案要描述消费场景和就餐体验；

第三，最好有第三方背书，如，评价截图，菜品获奖图；

第四，活动门槛要清晰，做到限时、限量、限人；

第五，一定要留餐厅的客服微信号，方便顾客添加；

第六，如果有礼品，做好价值包装，同时也要放上图片展示。

本节小结

本节讲述了引爆客流三大核心思维，从数量到质量，从钱包博弈到品牌博弈，运营用户才有未来。

线下引流，做异业联盟，就是站在对方的角度去帮助对方，从而赢得顾客，实现三方共赢。

第一步：做好流量地图。

第二步：选择引流产品，引流产品要具备三个标准：低成本、高价值、相关联。

第三步：做好价值包装。

第四步：做好资源梳理。

第五步：准备上门谈判：谈判前做准备，谈判中做转嫁，谈判后做记录。

第六步：投放引流卡。

线上引流：用好抖音和公众号。

思考作业：餐厅应该如何做好异业联盟和线上引流？

001：_____。

002：_____。

003：_____。

第五节　营销布局

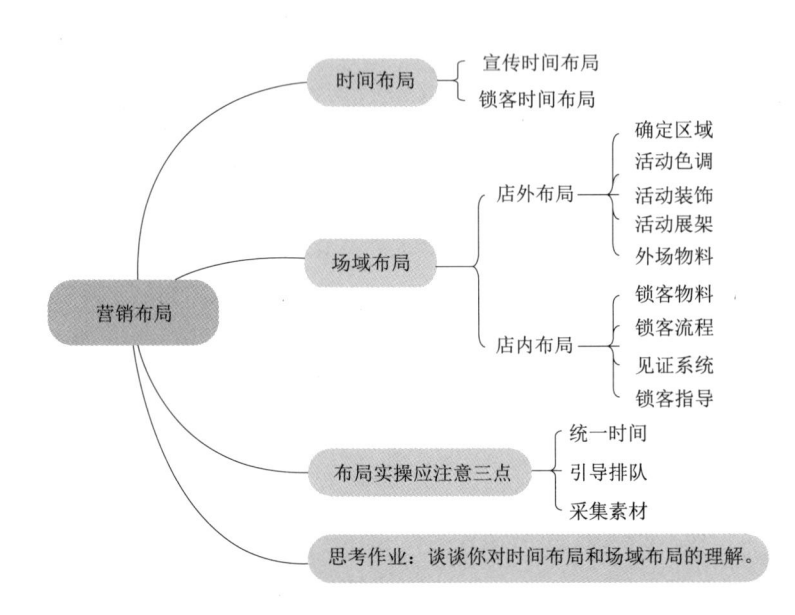

```
                    ┌─ 时间布局 ──┬─ 宣传时间布局
                    │            └─ 锁客时间布局
                    │
                    │                        ┌─ 确定区域
                    │                        ├─ 活动色调
                    │            ┌─ 店外布局 ─┼─ 活动装饰
                    │            │           ├─ 活动展架
                    ├─ 场域布局 ─┤           └─ 外场物料
        营销布局 ───┤            │           ┌─ 锁客物料
                    │            │           ├─ 锁客流程
                    │            └─ 店内布局 ─┼─ 见证系统
                    │                        └─ 锁客指导
                    │                        
                    │                 ┌─ 统一时间
                    ├─ 布局实操应注意三点 ─┼─ 引导排队
                    │                 └─ 采集素材
                    │
                    └─ 思考作业：谈谈你对时间布局和场域布局的理解。
```

布局决定结局。锁客主要有两大布局：时间布局和场域布局。时间上要做到可控，可以量化。场域上，要营造氛围，避免做的活动没有效果。做好布局，就是做好场外和场内的规划，做到人人有事干，事事有人干。

01 时间布局

时间布局分为宣传时间布局和锁客时间布局。

1. 宣传时间布局

活动日期的前 10~15 天进行宣传，这样才能达到最佳的效果。通过宣传，进行预热蓄客。另外，餐厅要一边做物料，一边做宣传，不要等物料齐了再开始。

2. 锁客时间布局

通常情况下，锁客时长是 3~10 天，新开业的餐厅进行储值优惠，以 3 天为佳。通过制造稀缺感和紧迫性，让顾客快速地做决定。可采用短平快的方式，以调动顾客第二次参与活动的积极性。

如果是邀约 VIP 顾客参与，还要设置电话或微信邀约时间。注意，一定要提前邀约确认，避免出现顾客不到场的情况。

02 场域布局

场域布局，有店外布局和店内布局。

1. 店外布局

店外布局主要有五个方面。

（1）确定区域。

首先，确定活动的区域。有的餐厅门前面积不大，需要提前与邻居协商，占用一些区域，主要用于展示礼品或赠品，以及展示异业联盟商家。

店内还是店外，奖品或者赠品，一定要码堆，堆成像山一样，不要怕别人看到，要怕别人看不到，要让看到的顾客震撼。这好比超市的堆头，堆得太少就没顾客买。堆头就是势能，堆头越高，势能就越大。

另外，奖品或赠品一定要进行分类摆放，不同的奖品或赠品放在不同的区域——分类分开摆放，让顾客能更加直观地看到。

如果有舞台，尽量要利用舞台与顾客进行互动，通过互动的方式来确定顾客获得奖品或者赠品的资格。对于顾客来说，不是想占便宜而是找占便宜的感觉，做营销活动也是一样，一定让顾客感觉占了便宜。

奖品或赠品摆放好了之后，要引导顾客上前看奖品；也可以进行奖品展示，通过展示，引导顾客参与活动。有条件的话，最好可以播放音乐来烘托活动的气氛。如果担心参加活动的人多，可提前搭建好舞台，舞台可以提升能量和仪式感，让顾客感觉高端大气；也可以请第三方专业的团队来协助，以达到较好的效果。

（2）活动色调。

色调，不难理解，我们穿衣服也好，餐厅设计门头也好，店内装修也好，都要选择色调。选择色调的逻辑大致相同，一般来说，主打色调都不要超过三种。

色调要与活动的主题相匹配，什么样的活动主题匹配什么样的色调。另外，活动色调也可以跟季节匹配，如果是夏天可以用冷色调，如果是冬天可以用暖色调。如果是绿色的主题，可以摆一些绿植进行烘托。

（3）活动装饰。

活动装饰一般有彩虹门、气球、鲜花、人员的服装配饰等。根据活动主题来确定活动装饰，比如，圣诞节要有圣诞树，春节要有红灯笼等。

（4）活动展架。

活动展架或易拉宝要与餐厅所做的活动相匹配，便于顾客拍照。易拉宝要有视觉上的刺激，顾客看到易拉宝就想参与活动——易拉宝就是一个刺激顾客行动的道具。

（5）外场物料。

最好提前设计好外场的布局，这样进行物料摆放的时候有章可循，不至于手忙脚乱。外场物料摆放可以画一张草图，标示物料摆放的每一个地点——布置人员按照地点进行铺设就可以了。

外场的布局以方便顾客为原则——外场的布局不要离门口太近，否则不方便顾客的进出。

2. 店内布局

（1）锁客物料。

锁客活动的物料一定要大范围布局。比如，彩旗、海报要随处可见，所有的物料指向一个目标，就是锁客。

（2）锁客流程告知。

锁客流程要有规范化的设置，前厅所有参与人员要知晓。比如，餐前沟通技巧、餐中沟通技巧、餐后沟通技巧都要做好培训，让员工知晓，且能运用。

（3）见证系统。

见证系统，就是与顾客建立信任的素材。这些素材要不断地收集和建立。每天收集，不断完善。

（4）锁客指导。

选出一名员工，也可以是餐厅经理或领班，作为本次锁客指导师，进行全面的布局和检查，确保每个细节不出错漏。另外，锁客指导师在锁客时要进行疑难问题排除。

3. 布局注意事项

布局的目的是打通线上与线下，在布局时要注意以下四点：

第一，统一时间。要统一安排顾客进店的时间，以便能实现爆店的效果。比如，会员日特权也要形成排队的效果。很多餐厅设置了会员特权后，就等着会员在这一天到来，这样的做法不能说错，但起不到好的效果。既然是办了会员卡，与会员建立了沟通的渠道，就应该在会员日的前一两天通知会员，让会员不要忘记了会员日。这一点尤其要注意。

第二，引导排队。善用排队策略，一定要引导顾客排队。在顾客排队的时候，要做好规划，打造"壮观"的场面。那么，怎么规划呢？为了有序排队，可以用伸缩的围栏把队围起来。队排得越直越好，越规范越好。有条件的话，还可以让顾客坐凳子排队。另外，为了减少顾客等待时间，可以让顾客在排队的时候提前点餐。

第三，采集素材。这个很好理解，采集的素材，比如，排队、爆单等，发在朋友圈，也可以在抖音、快手、小红书等多平台、多频次地发布。这样做的目的很简单，就是把爆店的效果发挥到最大。

第四，制造长期排队品。此时，经营者务必思考一下，如果做一款长期排队品，应该是什么？长期排队品，可以打造现象级排队餐厅，让顾客惊艳，让全城知晓。

本节小结

本节讲述了营销的布局。首先，从时间的维度讲，一是确定宣传时间，二是确定锁客时间。其次，从场域布局角度看，有店外布局和店内布局。店外布局，有确定区域、活动色调、活动装饰、活动展架、外场物料等；店内布局，有锁客物料、锁客流程、见证系统、锁客指导等节点。场域布局应注意三点：统一时间、引导排队、采集素材。每次做锁客活动，都可以根据清单按需进行布局。

思考作业：谈谈你对时间布局和场域布局的理解。

001：_____。

002：_____。

003：_____。

第六节　成交环节

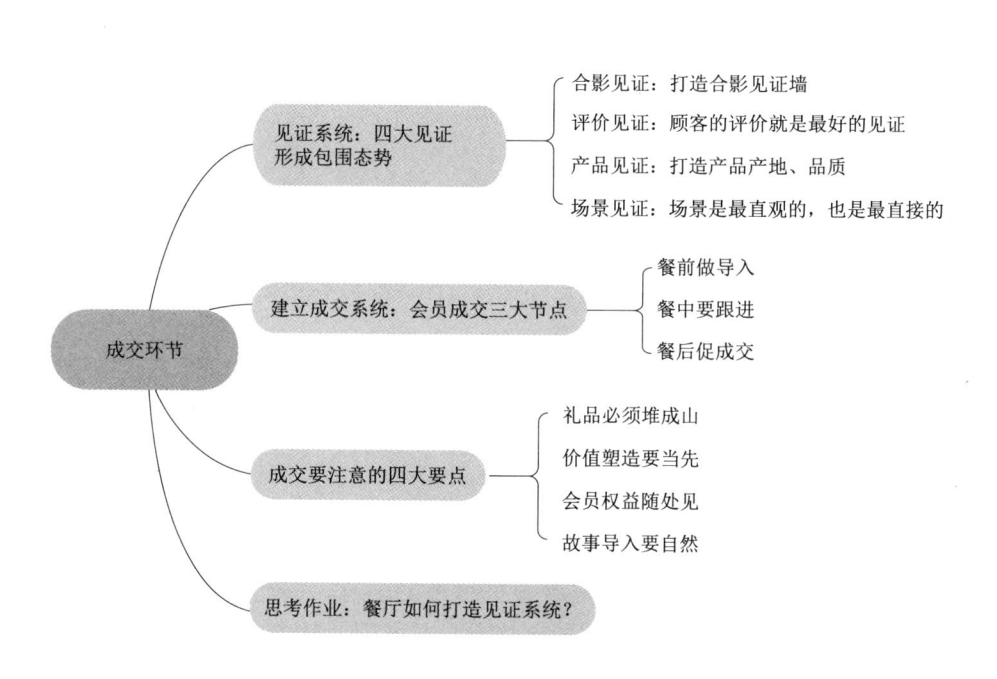

- 成交环节
  - 见证系统：四大见证形成包围态势
    - 合影见证：打造合影见证墙
    - 评价见证：顾客的评价就是最好的见证
    - 产品见证：打造产品产地、品质
    - 场景见证：场景是最直观的，也是最直接的
  - 建立成交系统：会员成交三大节点
    - 餐前做导入
    - 餐中要跟进
    - 餐后促成交
  - 成交要注意的四大要点
    - 礼品必须堆成山
    - 价值塑造要当先
    - 会员权益随处见
    - 故事导入要自然
  - 思考作业：餐厅如何打造见证系统？

成交环节要打造两大系统，一个是见证系统，一个是成交系统。

01　见证系统：四大见证形成包围态势

收集见证时，一定要注意氛围的把控，与顾客做好沟通，不要强求没有意愿的顾客。见证系统的打造，是一个积累的过程，从开店第一天起，就要去做。好的见证，可以持续地使用，不停地传播。

1. 合影见证：打造合影见证墙

顾客办理会员卡以后，相关服务人员或店长可以与顾客合影留念。获得顾客同意后，可以把顾客的照片打印出来，张贴在VIP顾客风采展示区内。

除了与顾客的合影，还有与名人的合影，比如，北京的很多餐厅，经常有名人光顾，餐厅人员与名人的合影布满了一面墙。看到这样的合影见证墙，普通顾客来店就餐，就会感觉很震撼。

2. 评价见证：顾客的评价就是最好的见证

评价见证有以下几个来源。

第一，网红、名人、大咖等见证，很多餐厅专门找这些人来打卡，收集见证。

第二，餐厅邀请专业的试吃团见证，用专业人士的客观点评来见证。

第三，第三方见证，比如，餐厅的某道菜品，在烹饪大赛上获奖或广受好评，这也是见证。

第四，真实顾客的评价见证。这种见证一般有两种形式，如果顾客是通过微信沟通的，可以把沟通截图做成海报，作为见证，这是单个见证；也可以是数量见证，把大众点评或者美团的顾客评价，拿出来作为见证。

3. 产品见证：打造产品产地、品质

产品见证，就是从产品本身出发设置见证，比如，千岛湖大鱼头：

个头大小、有机认证、餐厅购买鱼头的发票、供应商资质等，这些都是见证。当然，产地的真实场景图片，也是很好的见证，可以把鱼的养殖与打捞整个流程做一个海报，作为产品见证展示。

4. 场景见证：场景是最直观的，也是最直接的

顾客就餐爆满的场景，顾客排队办理会员卡的场景，VIP 会员举行集体活动的场景等，都可以作为场景见证，场景见证可以让顾客有身临其境之感。餐厅可以每月邀请顾客参与线下的活动，积攒人气的同时获得大量的客户见证。

见证越多越好，因为越多越有说服力。以上是四类见证的收集，必须把见证进行视觉呈现，见证的展示载体有很多，比如，菜单、展示墙、奖牌、奖杯、朋友圈、微信群，依靠这些载体形成全方位、立体化的展示。

需要特别注意两点：一是打造见证系统一定要真实、可信；二是见证系统是成交的辅助，是为成交服务的，不要为了环境的整齐划一，而忽略了成交系统的打造。

02　建立成交系统：会员成交三大节点

很多餐厅也在做会员，但是因为没有注意细节，使得成交量不理想。餐厅经营者可以找几家办理会员卡的餐厅进行体验，去感受办理会员卡的细节服务，找出它们的优点和不足，取其精华，建立自己的成交系统。

在成交环节，一般有餐前、餐中、餐后三大节点，要抓住这三大节点，做好细节。

1. 餐前做导入

在点餐的时候，无论是在座位上的菜单点餐，或者在吧台点餐等，都可以在点餐之前或者之后问一句：

"先生（女士），您有会员卡吗？"

"您好，您有会员卡吗？"

"您好，您是咱家会员吗？"

顾客如果说没有，这时候就要暗示了，暗示什么呢？暗示店里是可以办理会员卡的。

在点餐的过程中，还可以说今天办理会员卡有什么优惠，比如，赠送两道菜品，这两道赠送菜品在今天可以使用，也可以下次使用；或者办卡有××赠品，用优惠能刺激顾客成交。

2. 餐中要跟进

可能有人会说，顾客点餐的时候没兴趣。那就接着下面的流程——在顾客用餐时，进行跟进。餐中服务的时候，服务员要去问顾客就餐体验。

"先生，您好，吃的怎么样？"

与顾客搭个话之后，继续导入，引导顾客——感觉挺好的话，可以办理会员卡，下次可以得到××优惠。

进而表达关心，顺便给顾客赠个小礼品。如果顾客带着孩子，可以送一个小玩具；如果是烧烤店、火锅店，可以送顾客口香糖。礼品不在于贵重，而在于贴心。

有的餐厅是在餐前结账，有的是在餐后结账。注意，在餐前结账，一定要提前锁客，尽量直接进入下一步。

3. 餐后促成交

如果在餐前、餐中都没有成交，这个时候就要用撒手锏，比如，用赠品刺激成交。

有赠送的菜品，有整合异业联盟商家的礼品，有其他商家的礼品，也有购买的礼品，选择用赠品刺激顾客，以加速成交。但是一定要注意，不要把办理会员卡变成了卖礼品。

在成交的时候，应该怎么去做呢？可以采用以下沟通技巧：您办理会员卡吗？今天我们店还有几个名额。如果您需要，我给您申请一下。经营者和员工务必要记住，是申请——突出强调这个卡不是随便办理的。

比如，问店长：

"店长，我们今天还可以办理会员卡吗？"

"还有几份礼品，顾客今天可以带走吗？"

"店长，给我留一个名额。"

……

通过这样的沟通方式来进行代入——很少有餐厅把细节做到这么好。有的餐厅有赠送小菜、赠送凉菜等，但是员工从来不提醒顾客，只是在赠品附近做了标志，类似免费小菜，勤拿少取等。顾客在不清楚的情况下，怎么会主动去拿呢？既然是免费的，就应该让顾客都知道，都愿意去享用。因此，餐厅员工可以在顾客点餐结束后，提示赠送的小菜有哪些，在什么位置自取等。

这个赠品可以是冷饮，可以是小菜，也可以是凉菜，经营者根据餐厅的经营品类进行取舍。这些小赠品尽量让顾客自取，使顾客有参与感。

03 锁客成交四大要点

1. 礼品必须堆成山

礼品堆成山，这是个比喻，是为了突出多礼品多。只有礼品多多，顾客才无法抗拒，才会引起顾客的传播欲望。比如，网红去仓库进行直播，是因为仓库的货物多；直播卖货，也会在直播间把赠品展示出来，堆起来，也是为了突出多，让看到的顾客震撼。

礼品堆成山，一是实力的象征，二是体现了经营者的格局，三是自带传播属性，顾客会主动帮助餐厅进行传播，这个广告费是无价的。

2. 价值塑造要当先

礼品、赠品与产品一样，首先一定要塑造好价值。作为产品，价值大于价格的时候，才会好卖；作为赠品，价值大于价格的时候，顾客才迫切想要得到。

还要塑造礼品、赠品和产品的稀缺性，那么，如何塑造稀缺性呢？限时送、限量送、限人送。

当一个产品或礼品，越难得到的时候，顾客就越想得到。当年的小米手机，为什么有黄牛？就是因为小米公司采用饥饿营销，顾客不容易买到小米手机，于是很多人就更想得到了。

成交的赠品，除了塑造其价值，还要让顾客清楚知道其稀缺性，顾客会更加珍惜——让赠品成为顾客炫耀的资本，让顾客成为传播者。

3. 会员权益随处见

无论是办理会员卡，还是其他锁客方式，顾客权益必须随处可见，这样才能够强化顾客记忆，提升气场。

所有的行为，都指向一件事，就是办理会员卡。如果你这样做，就与只放一个KT板办理会员的餐厅，快速拉开距离。

4. 故事导入要自然

下面每一条都是一个场景化的故事，让顾客有很强的代入感。

"昨天，我给一个亲戚办了一张会员卡。"

"我给我朋友抢了两张会员卡。"

"今天还剩最后一张会员卡，明天没有了。"

"我找店长给您申请一下，看看还有没有名额。"

"我们店会员都推荐其他人过来办理。"

"明天就要截止了，赠品快没了。"

锁客会员除了做好见证系统，就是打造成交系统，两者相辅相成，缺一不可。针对成交系统，每次做营销之前，必须做好模拟演练。员工之间结成对，模拟会员成交场景，优化成交沟通技巧，不断迭代。

本节小结

本节讲述了打造见证系统和成交系统。

见证系统：

合影见证：打造合影见证墙；

评价见证：顾客的评价就是最好的见证；

产品见证：一是产地，二是品质；

场景见证：场景是最直观的，也是最直接的。

成交系统，通过餐前、餐中、餐后三大时间节点，来与顾客互动。成交要注意四大要点：礼品必须堆成山，价值塑造要当先，好处权益随处见，故事导入要自然。

思考作业：餐厅如何打造见证系统？

001：_____。

002：_____。

003：_____。

第七节　跟进复购

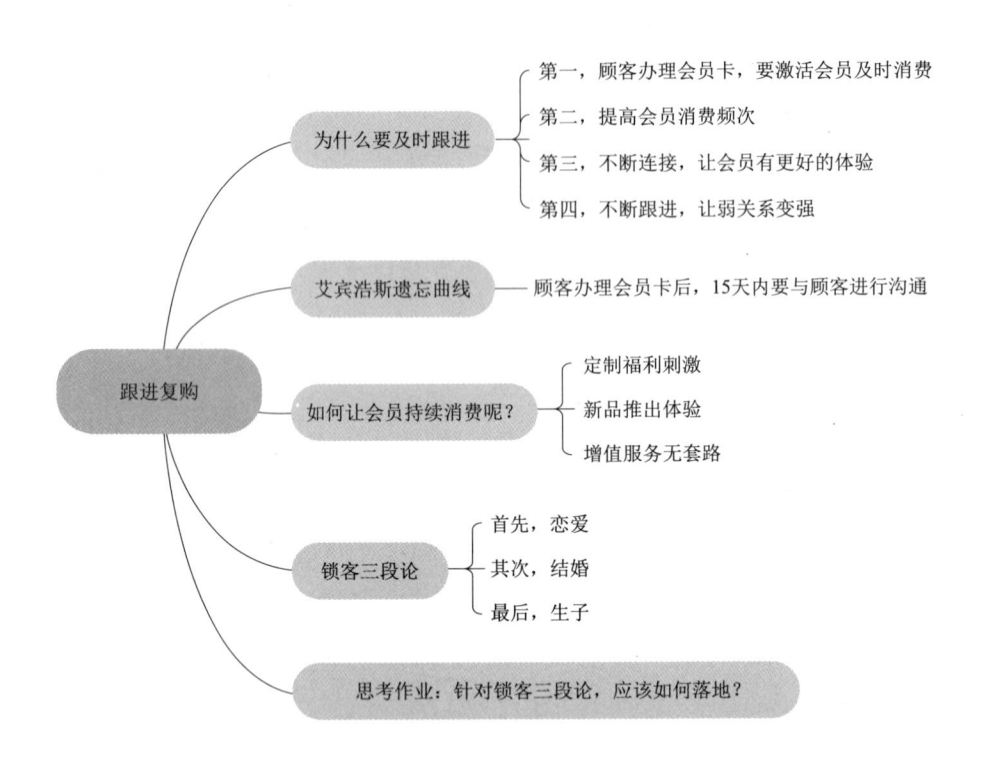

```
跟进复购
├── 为什么要及时跟进
│   ├── 第一，顾客办理会员卡，要激活会员及时消费
│   ├── 第二，提高会员消费频次
│   ├── 第三，不断连接，让会员有更好的体验
│   └── 第四，不断跟进，让弱关系变强
├── 艾宾浩斯遗忘曲线 —— 顾客办理会员卡后，15天内要与顾客进行沟通
├── 如何让会员持续消费呢？
│   ├── 定制福利刺激
│   ├── 新品推出体验
│   └── 增值服务无套路
├── 锁客三段论
│   ├── 首先，恋爱
│   ├── 其次，结婚
│   └── 最后，生子
└── 思考作业：针对锁客三段论，应该如何落地？
```

跟进复购的核心是对顾客的精准量化运营，且更加注重顾客的转化、留存和复购等。低成本建立用户信任，并能产生有效购买，这样形成的流量比较稳定，而且复购率高。

01　为什么要及时对顾客跟进

及时跟进，有以几个好处：第一，顾客办理会员卡，要激活会员及时消费；第二，提高会员消费频次；第三，不断连接，让会员有更好的体验；第四，不断跟进，让弱关系变强，让强关系更强。

前面讲过的那家烤肉店，给我的体验不好，原因就是没有及时跟进。如果及时跟进，我可能还会去消费，并且会继续充值。但是，因为第二次体验不好，我再也不会去了。

因为店内服务造成的顾客体验不好，非常不划算。其实这个问题很容易解决——跟进引导复购。跟进引导复购是做店外的事情，跟进了顾客，复购就自然产生了。著名营销大师科特勒说过一句话："顾客流失减少5%，业绩增长25%。"

因此，在跟进引导复购上，服务好老顾客，尤为重要。毕竟，开发一个新顾客的成本是维护一个老顾客成本的10倍。

德国心理学家艾宾浩斯研究发现了人类大脑对新事物遗忘的规律。人们可以从遗忘曲线中掌握遗忘规律并加以利用，从而提升自我记忆能力。人的记忆周期分为短期记忆和长期记忆两种。

第一个记忆周期是5分钟。

第二个记忆周期是30分钟。

第三个记忆周期是12小时。

这三个记忆周期属于短期记忆的范畴。

下面是几个比较重要的周期。

第四个记忆周期是1天。

第五个记忆周期是2天。

第六个记忆周期是4天。

第七个记忆周期是7天。

第八个记忆周期是15天。

综上所述，第一个和第二个记忆周期，顾客都是在餐厅度过的。最晚对顾客进行跟进的时间是15天，也就是15天内要与顾客进行沟通；如果在15天内没有与顾客沟通，顾客就会把这家店遗忘了。那家烤肉店，3个月都没有与顾客沟通一次，顾客流失就不足为奇了。

02 让会员持续消费

跟进是为了让会员持续消费,那么,如何让会员持续消费呢?可以按照以下三个策略进行操作。

1. 定制福利刺激

福利刺激有哪些方式呢?比如,会员特权提醒、节日优惠提醒、满减、赠送等,真正让利于顾客。面对这些优惠政策,会员会在利益驱使下来店,从而完成一次消费。定制福利既刺激了会员,增加消费频次,又满足了会员对身份感认同的需求。

2. 新品推出体验

一家餐厅的基本功,就是不断研发或升级菜品,升级菜品的第一体验者,就是高级顾客,也就是会员。让会员参与体验,从而产生优越感。吸引会员,进店体验,提前做好产品优化,同时打造菜品的客户见证,一举两得。

3. 增值服务无套路

增值服务,是餐厅带给会员的额外附加值。比如,很多网红直播时,都会给粉丝一些福利,说是特别申请,然后粉丝不惜用高价购买产品。

我们可以从中借鉴一些精华的内容,换上真心诚意为顾客提供有价值的产品和服务。具体来说,可以通过会员的数量杠杆,跟第三方谈判,拿到最低价,让利于顾客。

电话与微信跟进,引导复购,下面是沟通技巧参考模板。

邀约沟通技巧模板

正在忙	好的,如果您不方便,我晚点再联系您
顾客不记得了	我是××,我们店在×××,您××(时间)在我们这里办理了会员,这次是想告诉您……

续上表

顾客没时间	没时间来，您尽量过来，这是仅有的几个名额
是不是套路我	我只是把这个消息告诉给您，您是可以免费领取礼品的就餐与否，由您决定
以上是邀约沟通技巧，可以根据自己餐厅的场景来设计。如果是微信跟进，可以是文案+海报，这样效果更好。同时，在朋友圈要循环发领奖视频或图片	

03 锁客三段论

餐厅做营销就像与顾客谈恋爱，办理会员就是与顾客从恋爱到结婚，再到生子的一个过程。我称它为"锁客三段论"。

首先，恋爱

在恋爱期间，是不是恋人想要什么就给什么，想吃什么就做什么，想买什么就买什么，甚至还要会在特别节日，给对方一些惊喜。恋爱阶段，看似没有规则，实际就是想尽一切办法，来满足对方的需求，对顾客何尝不是如此呢？

其次，结婚

两个人恋爱以后，关系不断地发展，到一定阶段，会进入下一个环节——结婚。结婚是基于彼此的了解，彼此的信任。

餐厅的"结婚"，其实就是让顾客办理会员卡，增加顾客的忠诚度。办理会员卡，就相当于"领证"了，"领证"以后对顾客更应该重视，不要因为会员数量多而冷落顾客，把会员的跟进与管理落实到具体的人员身上，进行一对一的跟进服务。

对一个人好，不难；持续对一个人好，才是难上加难。

最后，生子

结婚后生孩子，彼此的关系更融洽、更牢固。对于餐厅来说，到了"生子"阶段，与顾客之间的关系越来越牢固，顾客就成了超级用户。这样一来，餐厅就可以开发更多的适用 VIP 顾客的产品，解决他们更多的需求；或者通过反向定制，解决顾客的需求。所谓反向定制，就是先了解顾客需求，再去为顾客定制产品。

不断地满足顾客的需求，用心去打造和布局后端，才能够让餐厅持续盈利。

餐厅与顾客之间的关系，就是从恋爱、结婚、生子的关系，层层递进。不要指望顾客开始就成为铁杆会员，这是一个分阶段的工作，要一点一点地培养。

本节小结

本节讲解了会员的跟进问题，形成复购——基于艾宾浩斯遗忘曲线，要及时对会员进行提醒。复购有几种驱动方式：福利刺激、推出新品、创造增值服务。餐厅与顾客之间的关系，就是从恋爱、结婚、生子的关系，层层递进。

应该记住的是，对顾客跟进的最晚时间是 15 天，也就是 15 天内必须与顾客进行一次沟通。

思考作业：针对锁客三段论，应该如何落地？

001：_____。

002：_____。

003：_____。

第七章　锁客营销的执行与复盘

第一节　做好执行方案，提高执行力

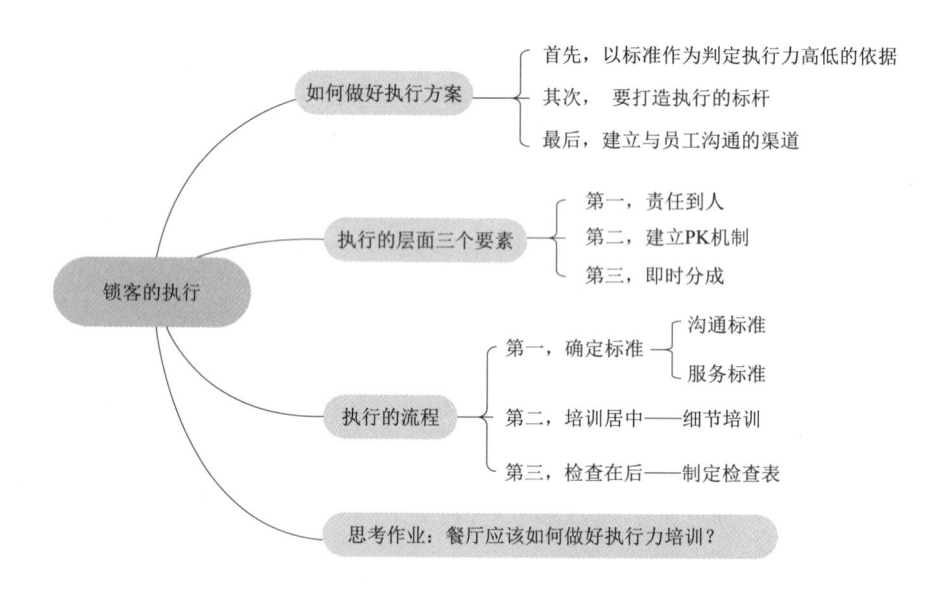

```
                              ┌ 首先，以标准作为判定执行力高低的依据
              如何做好执行方案 ┤ 其次，要打造执行的标杆
              │               └ 最后，建立与员工沟通的渠道
              │
              │                 ┌ 第一，责任到人
              │ 执行的层面三个要素┤ 第二，建立PK机制
锁客的执行 ───┤                 └ 第三，即时分成
              │
              │               ┌ 第一，确定标准 ─┬ 沟通标准
              │ 执行的流程    ┤                 └ 服务标准
              │               │ 第二，培训居中——细节培训
              │               └ 第三，检查在后——制定检查表
              │
              └ 思考作业：餐厅应该如何做好执行力培训？
```

稻盛和夫在《活法》中写道，无论梦想多么远大，缺乏强烈的意愿就无法实现。对于执行这件事，也是一样，要让员工有强烈的欲望去执行，才能实现最初制定的目标。

01　如何做好执行方案

如何做好执行方案呢？有些人可能会说，用利益驱动。在我看来，光有利益驱动还不够。

先看看执行是什么。执行就是以结果为导向，把目标细化以后确定执行的标准。没有执行的标准，很难执行到位。

有些老板说，员工的执行力太差，而员工认为自己干得挺好。为什么会出现这种认知差异？因为没有设定执行的标准，只是从主观出发来判断执行的结果。因此，没有执行的标准，只是干活而已。

做好执行方案要做到下列三方面。首先，要有标准，以标准作为判定执行力高低的依据；其次，要打造执行的标杆，哪一个员工做得好，大家都按照他的办；最后，要建立与员工沟通的渠道，只有在执行期间相互沟通，遇到问题及时解决，才能有利于完成共同目标。

02　提高员工的执行力

执行力，指的是贯彻战略意图，完成预定目标的操作能力，是把企业战略、规划转化成为效益的关键。执行力包含完成任务的意愿，完成任务的能力，完成任务的程度。

对于餐厅而言，对锁客目标进行分解以后，把执行的时间表设计出来，就可以认真地执行了。这时候就需要员工的执行力了，那么，如何提高员工的执行力呢？

从执行的层面来看，要达到三个高度。

1. 责任到人

如果餐厅有店长或经理，就是店长负责制或者经理负责制，通过负责制把目标分下去。

假如某天储值会员目标是20个，上午是几个，下午是几个，店长承担几个名额，点菜员或者是服务员承担几个名额，要一一细化，布置下去。这样员工才能够清楚自己到底应该做什么，自己的目标是什么。

这个一一细化目标的落实情况就是给员工分利润的依据。如何给员工分利润，目标责任到人以后，一切都清晰了。每一天做的是什么？今天有几个锁客名额，员工心中有数，在点餐的时候自然就会聚焦。

2.PK 机制

PK 机制就是员工与员工之间，结对子进行 PK。假如今天两名员工的锁客目标都是 5 个，先确定 PK 金。谁完成，谁就赢，赢的一方拿到 PK 金。

一般情况下，PK 机制可以用在办理储值的第二个月，或者办理第二次储值的时候。第一个月或者第一次储值的时候让员工收集数据和熟悉流程，建立基础的数据和标准的流程。

用 PK 机制给予员工适当的奖励，调动员工的积极性，让员工的工作更有动力。

3. 即时分成

餐厅给员工分成也一样，如果餐厅经营者统一兑换，每个月或者两三个月才发一次，而且吃的是"大锅饭"，所有人一起平分，这样员工是没有感觉，也起不到激励作用。

因此，办理会员要做到即时分成。什么叫即时分成呢？就是前一天办理会员拿到的提成，第二天早例会就以现金或者红包的形式发给员工。既然这个钱早晚都得给，早给要比晚给要好得多。

把钱装在红包里面，有仪式感，让拿到的员工更有成就感。员工经历了这个场景之后，在以后的工作中，会始终想着，今天没拿到分成，拿取明天一定拿到；今天拿到分成了明天继续。

03　三大流程助力执行

如果经营者先给员工讲，该怎么去办理会员，员工是听不进去的。

如果把办理会员的任务具体到人，把分成的标准告诉员工，员工就会主动承担办理会员的任务。

为了更好地实现目标，可以按照以下三大流程执行。

1. 确定标准

确定目标以后，首先要制定目标的实现标准。以锁客为例，基本标准就是顾客满意，不能有客诉。

其次，就是锁客的流程标准化，而且每一个流程节点都要有标准。餐前、餐中、餐后针对锁客的沟通技巧是什么？都要设计出来。标准的制定一定要有员工参与，这样员工才愿意执行和优化。店长或经理不要想当然地制定标准，没有参与感的标准就脱离了执行的基础。

2. 培训居中

有了目标，有了标准以后，按照目标的标准对员工进行培训。

如果储值目标是20万元，落实到每个员工每天是多少个名额？在这一天当中，上午几个名额，下午几个名额，要明确具体。

培训时，要做好锁客的模拟演练。不经过演练就直接上岗，就相当于没有训练的士兵直接上战场，这样的士兵上了战场以后也会缩手缩脚，执行结果可想而知。

模拟演练，可以计入考核机制，这样会增加员工的积极性。

3. 检查在后

员工经过培训、执行后，还要有检查跟进。

目标不是分解下去，培训结束就算完成了，而是要进行执行跟进的。在员工执行过程中发现问题，应及时解决问题。后面有执行表格，可以根据执行表格，有针对性地解决员工的问题。

检查的同时一定要做好备忘记录，在复盘的时候使用，实时的问题记录可作为复盘时的一个参考。

这就是执行力培训的基本三个流程：确定标准，培训居中，检查在后，这三者是一环套一环的，没有目标就谈不上培训；没有标准，也谈不上培训；没有标准，更谈不上检查。

本节小结

本节讲解了提高执行力培训的三大流程：制定标准，培训居中，检查在后。有一句话说得好，企业最大的失败就是没有培训的员工，同样也适用于执行力培训。

思考作业：餐厅应该如何做好执行力培训？

001：_____。

002：_____。

003：_____。

第二节 做好执行方案复盘

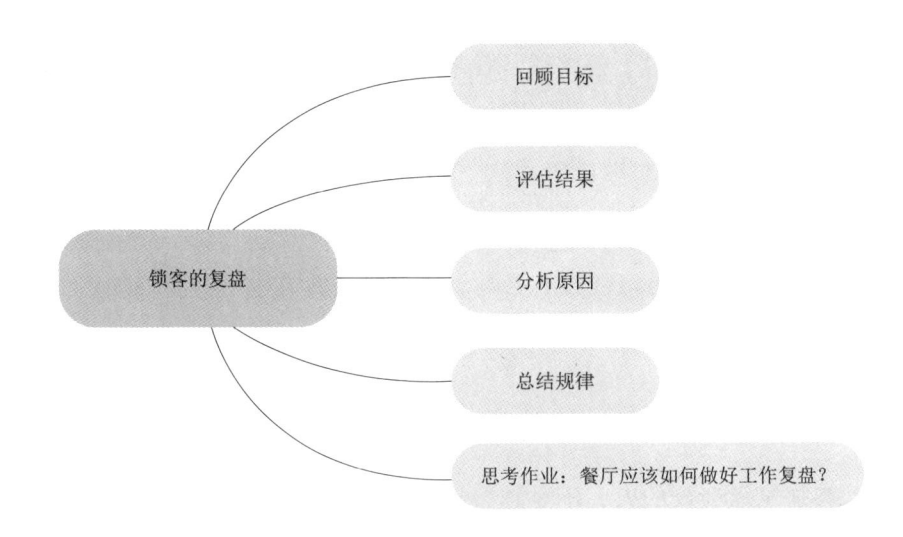

```
                    ┌──────────┐
                    │  回顾目标  │
                    └──────────┘
                    ┌──────────┐
                    │  评估结果  │
                    └──────────┘
   ┌──────────┐     ┌──────────┐
   │ 锁客的复盘 │─────│  分析原因  │
   └──────────┘     └──────────┘
                    ┌──────────┐
                    │  总结规律  │
                    └──────────┘
         ┌────────────────────────────────┐
         │ 思考作业：餐厅应该如何做好工作复盘？│
         └────────────────────────────────┘
```

01 复盘与复盘会议

先了解一下，什么是复盘？所谓复盘，顾名思义是指对过去的事情进行复习和盘问，也就是对过去的事情进行总结和盘点，找到问题所在，然后完善解决方案。

复盘是提升个人和组织能力的不二之选，只有复盘，才能不断迭代。没有复盘，意味着每次都是重新开始。

很多餐厅是在不断地做营销活动，但是没有复盘这个环节，因此每次办理会员的数量有限，很难有突破。

获得知识的渠道一般有三种：一种是从书本当中学习，比如，有一些人经常跟我私信说，买了你们的书对我很有启发，对我的业绩增长很有帮助等；第二种是向身边的人学习，比如，餐厅周围有哪些店生意比较好，就跟他们学；第三种就是向自己学习，自学是一生当中必备的技能。我看过一本书，是万维钢老师写的，书名叫《学习究竟是什么》，书中把自学排在第一位。如何向自己学习，其实就是一个复盘，复盘自己的学习过程。而对于餐厅经营者来说，如何让餐厅更好地经营，也要向自己学习，不断复盘。

如果说餐厅的工作是所有员工的事，那么，如何确定复盘的人员呢？餐厅经理可以作为复盘会议的主持人，让相关的人员参加。比如，办理会员，后厨人员可能没有参与，复盘时这些人也不需要参加。

02 复盘四步骤

参加复盘会议的人，不是越多越好，而是参加的人要有代表性。国内做复盘做得比较好的是联想集团，复盘这个概念是联想集团前董事长柳传志提出来的。

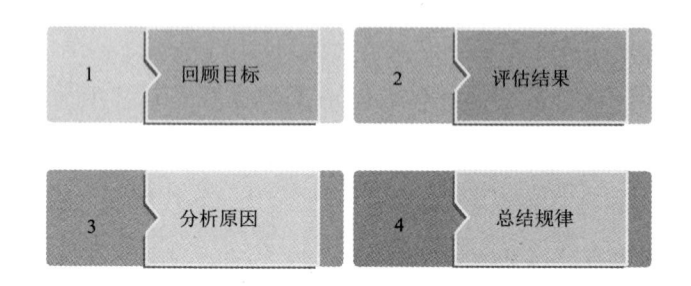

1	回顾目标	2	评估结果
3	分析原因	4	总结规律

柳传志推崇的四步复盘法，也叫 GRAI 复盘法，即 Goal（回顾目标）、Result（评估结果）、Analysis（分析原因）、Insight（总结规律）。

复盘是为了优化行动策略，复盘主要分为四个步骤。

1. 回顾目标

在执行的过程中，我们常常忘了目标。复盘的时候，首先要对目标进行回顾。具体来说，复盘要解决的目标问题应包括以下几个：

本次营销活动整体的目标是什么？

绩效目标是什么？

里程碑是什么？

沟通管理计划是什么？

预算和资源有多少？

用户需求是什么？

风险识别和控制措施有哪些？

回顾目标是把目标再梳理一遍，以检验当初定的目标是否存在问题。当然，也可以让团队成员来回顾，以检验每个人都对目标是否有足够的认知。

2. 评估结果

在执行过程中，把每一个目标的达成情况记录下来，为后续的原因分析做好准备。

首先，在整个执行目标当中，把产生的数据结果呈现在复盘会议里，要让每一个人都知道这个结果，知道目标的完成情况；接着，把整个执行结束以后产生的数据和目标进行对比；对比之后，可能会产生四种结果，并分析原因：

（1）结果和目标一致，就是完成目标；

（2）结果超越目标，完成比预期要好；

（3）结果低于目标，完成情况比预期差；

（4）在执行的过程中，新添加目标的具体执行情况。

其实，第一种结果毫无疑问是经营者最想达成的，但是一般很难实现。第三种和第四种结果是最常见的，因此，分析这两种情况产生的原因更加重要。

评估结果不是为了发现差距，推卸责任，而是发现问题，为以后更好地执行做准备。

3. 分析原因

分析原因是复盘的重要环节，也是制定改进措施的关键。如医生看检查结果开药一样，根据结果对症下药，复盘分析原因也是一样的道理，分析原因，找出问题，从而找到解决问题的方案。

分析原因可以根据关键节点的数据，设计不同的优化方法。在分析原因的时候，可以用5W的方法寻找问题根源。

5W是指：What（是什么），Why（为什么），Where（在哪儿），Who（谁），When（什么时候）。

具体到餐厅企业复盘分析原因时，要问以下问题：

什么原因导致了这种情况出现？

没做好的原因是什么？

绩效目标没有实现的原因是什么？

风险控制失效的原因是什么？

在哪个环节出现了问题？

需求总是改变，为什么？

是什么人的原因，出现了偏差？

任何一个问题都可以进行原因分析，但是不能只由餐厅经理一个人分析，不要把复盘会搞成批斗会。其他人也要参与进来，说出自己的想法，把问题摆出来，集思广益，找出解决问题的对策或者优化营销方案，这才是复盘的精髓所在。

4. 总结规律

总结规律也叫改进计划，是复盘的最后一个环节。

找到了原因之后，要立即寻找改进的方法。

我在给一些客户做方案的过程当中发现，很多客户的员工因为都来自不同地域，说话的方式是不一样的，口音也不同，这些员工在办卡时，与顾客交流的方式不同，结果也不同。通过复盘，我们发现了语言的差别，在指导具体办理会员卡的时候，会帮助具体的员工去优化沟通技巧，这就是通过复盘产生的一个迭代。

因此，不进行总结复盘，很难发现问题，或者说了解的执行情况不完整。复盘总结是为了改进计划，提出更合适、更好执行的实施方案。

不需要太多方法，否则团队人员因能力有限而无法落实。改进计划时，要列出来优先级，也就是列出第一、第二、第三分别是什么？先做什么，后做什么。具体工作中，一定要罗列好次序，否则，员工在执行的过程中容易走样。

复盘后的改进计划还要有反馈，从而实现不断地优化，形成螺旋上升的态势。如果改进计划确实有效，也可以进一步整理，把这个机划作为一个内部的知识，每做一次营销活动，都可以用来参照。长期下来，餐厅的营销执行就会形成一个教材性的知识库，为以后的工作提供参考。

03　让复盘会议更高效

如何让复盘会议更高效？记住以下四个要点。

越早越好：每天营业结束后，用最短的时间开一次复盘会议，这样很多执行细节和反馈团队成员都历历在目，复盘起来更加轻松。

坦诚相待：不推卸责任，尽可能地还原真实的过程，从而找到破局点。

控制时间：让会议更加高效。

记录要点：方便后期整理。

复盘就是一面镜子，让大家看到事情真实的面貌。

本节小结

复盘分为四个步骤。

第一步，回顾目标。

第二步，评估结果。评估结果会有四种结果，一种是完成目标，一种是超过目标，一种是低于目标，一种是新添加项目的目标。

第三步，分析原因。什么原因导致了现在的情况？没做好的原因是什么？绩效没有实现的原因是什么？风险控制失效的原因是什么？需求总是改变，为什么？

第四步，总结。在做复盘的时候，应有总结的环节，只有不断地总结，才能找到改进的思路和方法，通过总结确定新的改进计划，然后提出新的方法以及新的执行方案。

思考作业：餐厅如何做好工作复盘？

001：＿＿＿＿＿＿＿＿＿＿＿＿＿＿＿＿＿＿＿＿＿。

002：＿＿＿＿＿＿＿＿＿＿＿＿＿＿＿＿＿＿＿＿＿。

003：＿＿＿＿＿＿＿＿＿＿＿＿＿＿＿＿＿＿＿＿＿。

实战工具：锁客工具表

名　　称	具体事项	备　　注
本次锁客的目的		
本次锁客的目标		
本次锁客的方法		
本次锁客的执行流程		
特别提醒： 1. 每次锁客，确定目标后要开动员会 2. 每次锁客当天要进行复盘 3. 每次锁客前做好演练		

实战工具：锁客每日复盘表

项目名称	具体事项
回顾目标	
评估结果	
分析原因	
总结规律	

特别提醒：
1. 锁客前做好每日复盘
2. 锁客结束后做好复盘，为下次营销活动做准备

实战工具：储值任务分配表

目标设定	储值 20 万元							
日完成记录	日锁客目标数量				实际完成数量			
^	店长	领班	服务员	备注	店长	领班	服务员	备注
第一天								
第二天								
第三天								
第四天								
第五天								
第六天								
第七天								
第八天								
第九天								
第十天								
目标分解	1. 储值周期为 10 天 2. 每天储值目标为 2 万元 3. 店长，领班，服务员							